弈藏天下
围棋棋具文化经典收藏

李昂 李忠 著

美轮美奂之棋笥棋子卷（第二卷）

成都时代出版社
CHENGDU TIMES PRESS

李昂：男，1981年生人，中国围棋协会职业三段注册棋手，围棋文化学者，围棋文化艺术品藏家。1998年开始出版围棋专著，著有《本因坊秀策全集》《围棋宗师坂田荣男》《儿童早教学围棋》等作品30多部，一千余万字。并专注于围棋早教课题研究，发表了极具影响力的论文《围棋早教课题研究》。

1999年，任北京棋院(大宝)围棋少年队教练，并曾任杏泽围棋学校冲段班教练，其间指导过几十位活跃在当今职业棋坛的青年才俊，其中不乏世界冠军。

2004年，通过互联网指导世界各大洲20多个国家的世界棋友，并从2006年开始受德国、瑞士等国家围棋协会邀请出访欧洲9国讲学指导，进行海外围棋推广普及活动。

李昂幼承家学，对围棋文化艺术品收藏几近痴迷，藏有棋具、棋筒、棋子、书画、古籍及其他有关围棋杂项藏品逾千件，被誉为围棋文化艺术品收藏第一人。

李忠：字正中，号拍涛子，黑白轩主，听风听雨楼主。男，1945年生人，工诗词、书法，北京市原宣武区书法家协会会员，曾多次在全国书法、诗词大赛中获奖。

围棋文化学者，围棋文化艺术品藏家。围棋业余5段，曾出版《世界冠军名局精解》丛书等多部作品。

李昂弈道弈藏天下公众号

目 录

第一章 棋子的演变和发展

一、棋子演变和材质分类　　/ 002

1. 自然石和磨制棋子　/ 002
2. 云子（永子）　/ 008
3. 琉璃子和玻璃子（水精）　/ 009
4. 陶瓷质子　/ 014
5. 竹制子　/ 015
6. 玉子　/ 016
7. 玛瑙棋子　/ 017
8. 蛤碁石　/ 018
9. 象牙子　/ 021
10. 犀角棋子　/ 024
11. 鲸齿子　/ 025

二、棋子的形状——两面凸和单面凸　　/ 026

第二章 传入日本

第三章　蛤碁石

一、蛤碁石的历史　/ 032
二、日产和日制蛤碁石的区别　/ 033

1. 生料和熟料　/ 033
2. 硬度　/ 033
3. 光洁度　/ 033
4. 印纹　/ 034
5. 漂白之病　/ 034

三、蛤碁石的制作工艺分级　/ 034
四、蛤碁石的形状和型号　/ 035

1. 蒲鉾型　/ 036
2. 算盘珠型　/ 036
3. 本因坊型　/ 036

五、玉化蛤碁石（小砗磲）　/ 037
六、"老子"和"新子"　/ 038

第四章　棋笥

一、概述　/ 040
二、棋笥形状分型　/ 041

1. 安井型　/ 041
2. 本因坊型　/ 043
3. 德川型　/ 044

4. 屋敷型　/045

5. 枣型　/046

6. 锥型　/046

7. 束颈型　/047

8. 八角型　/047

9. 太鼓型　/048

10. 原木型　/048

11. 竹随形棋笥　/049

12. 牛革棋笥　/049

三、棋笥工艺分类　/050

1. 金莳绘　/050

2. 木胎漆涂绘彩　/051

3. 漆雕　/051

4. 轮岛涂　/052

5. 镰仓雕　/052

6. 乌城雕　/053

7. 赞岐雕　/053

8. 剔犀、剔红　/054

四、棋笥材质分类　/055

1. 岛桑、本桑和小笠原黑桑　/055

2. 屋久杉　/057

3. 黑柿和茵苣　/057

4. 老槐　/058

5. 高野槇　/058

6. 楢　/058

7. 铁刀木　/058

8. 紫檀　/059

9. 黑檀　/060

10. 花林　/060

11. 榉　/061
12. 榧　/062

第五章　鉴　赏

一、名家签名棋具棋笥棋子　/064

1. 濑越宪作题"手谈"棋笥　/064
2. 濑越宪作题"玄趣"屋久杉棋笥33号本因坊型玉化蛤碁石　/068
3. 濑越宪作题"畅如"本桑棋笥33号日向小仓滨雪印蛤碁石　/070
4. 关山利一题"丽娴"本桑棋笥42号玉化蛤碁石　/073
5. 吴清源题"知新"小笠原桑棋笥39号玉化蛤碁石　/077
6. 吴泉题"静明"屋久杉棋笥41号日向小仓滨雪印蛤碁石　/080
7. 本因坊薰和题"静中动"德川型金莳绘棋笥30号日向小仓滨雪印蛤碁石　/084
8. 本因坊秀格题"乐道"紫檀棋笥30号日向小仓滨雪印蛤碁石　/088
9. 本因坊秀格题"游心"榉木棋笥38号玉化蛤碁石　/092
10. 读卖赏吴（清源），藤泽（库之助）静冈对局纪念棋具　屋久杉杢木棋笥35号日向小仓滨雪印蛤碁石　/095

二、文化历史名棋具　/098

1. 蜀江纹金莳绘棋笥日本玉棋石　/098
2. 江户时期束颈考蓝金钱纹金莳绘棋笥日本玉棋石　/101
3. 伊东伯爵家金莳绘棋笥玉化蛤碁石　/103
4. 红漆地屋覆型园林山水风景图金莳绘棋笥　/107
5. 本因坊型家徽唐草纹金莳绘棋笥玉化蛤碁石　/109
6. 德川型金莳绘丰臣家徽棋笥玉化蛤碁石　/112
7. 御纹散德川型金莳绘家徽棋笥玉化蛤碁石　/115

8. 游龙纹棋笥镰仓海岸薄子　／118
9. 源氏家纹棋笥镰仓海岸薄子　／121
10. 金莳绘唐草扇纹棋笥39-41号玉化蛤碁石　／124
11. 江野楳雪绘乌鹭棋笥　／127

三、纪年棋具　／131

1. 文化五年（1808年）屋敷型漆绘棋笥三河白雪印蛤碁石薄子　／131
2. 文化十二年（1815年）塗漆棋笥三河白28号雪印蛤碁石　／134
3. 天保元年（1830年）林氏德川型棋笥镰仓海岸薄子　／136
4. 万延元年（1860年）立石教美素梨地金莳绘棋笥三河白雪印蛤碁石　／139
5. 江户时期老本因坊型棋笥镰仓海岸雪印蛤碁石　／142
6. 光绪官窑仿大明矾红缠枝花卉棋罐　／144
7. 明治三十六年（1903）唐草万字纹岛桑棋笥三分五厘　砗磲白玉化蛤碁石　／147
8. 大正二年（1913）本因坊型棋笥镰仓海岸雪印薄子　／151
9. 大正四年（1915）加藤吉隆桑束颈棋笥玉化蛤碁石　／154
10. 昭和十年（1935年）花林棋笥　小仓滨雪印蛤碁石　／157
11. 昭和二十二年（1947）桑棋笥小仓滨雪印蛤碁石　／160

四、玉化蛤碁石（小砗磲）　／162

1. 特大45号玉化蛤碁石安井平型桑棋笥　／162
2. 特大45号特大蛤碁石安井铃型小笠原桑棋笥　／165
3. 特大42-45号玉化蛤碁石高桩柿型桑棋笥　／167
4. 特大40号玉化蛤碁石黑檀虎皮斑棋笥　／170
5. 38号玉化蛤碁石岛桑根杢棋笥　／174
6. 37号玉化蛤碁石铁刀木棋笥　／178
7. 屋久杉材收纳箱屋敷型漆涂棋笥玉化蛤碁石　／181
8. 33-36号玉化蛤碁石德川异型桑棋笥　／184
9. 34号玉化蛤碁石小笠原桑棋笥　／187
10. 34号玉化蛤碁石钵型木胎莳绘乌鹭图棋笥　／189

五、稀有棋石　　/ 192

1. 稀有白蝶贝蛤碁石　　/ 192
2. 古象牙棋子　　/ 195
3. 鲸齿棋子　　/ 199
4. 日本古玉棋子　　/ 204
5. 老玛瑙棋子之一　　/ 206
6. 老玛瑙棋子之二　　/ 209
7. 缠丝玛瑙棋子　　/ 211
8. 江户时期硝子棋子　　/ 214
9. 竹棋子　　/ 216
10. 水精棋子　　/ 218

六、雕刻棋笥　　/ 221

1. 幕末本因坊型镰仓雕凤求凰图文棋笥　　/ 221
2. 绿石螺钿金银丝镶嵌乌鹭争飞图竹棋笥　　/ 225
3. 赞岐雕海草福寿螺图棋笥　三河白雪印蛤碁石　　/ 229
4. 赞岐雕花鸟图桑棋笥　　/ 232
5. 赞岐雕编筐图棋笥　　/ 234
6. 赞岐雕四面花窗梅兰竹菊四君子图棋笥　　/ 236
7. 犀皮纹木雕棋笥紫色包浆蛤碁石　　/ 238
8. 屋敷型精雕浅刻乌鹭图棋笥　　/ 241
9. 乌城雕孤狼望月图棋笥　　/ 244
10. 乌城雕凤鹿图棋笥　　/ 247
11. 剔红棋笥　　/ 250

七、金莳绘棋笥　　/ 253

1. 江户时期飞凤梧桐图金莳绘棋笥　　/ 253
2. 江户时期万字曲水纹人物漆金莳绘棋笥　　/ 255
3. 江户时期德川型凤栖梧金莳绘棋笥日本玉子　　/ 258

4. 轮岛涂乌鹭金莳绘棋笥　/260
5. 漆金银万字曲水纹乌鹭花卉图棋笥　/264
6. 江户时期德川型梅兰竹菊四君子图金莳绘棋笥　/268
7. 紫檀贴金竹图莳绘棋笥　/271

八、杢木棋笥　岛桑棋笥　/274

1. 御藏岛黄金桑杢木棋笥手工玉化蛤碁石　/274
2. 御藏岛黄金桑杢木棋笥　/279
3. 安井型小笠原桑棋笥、35号玉化蛤碁石　/281
4. 德川型小笠原桑棋笥　/284
5. 紫檀杢木棋笥　/286
6. 杢木紫檀棋笥玉化蛤碁石　/289

九、异型棋笥　/292

1. 太鼓型棋笥　/292
2. 八角形凤栖梧图金莳绘图棋笥　/298
3. 锥形桑棋笥　/300
4. 原木棋笥　/302
5. 竹雕花鸟芭蕉图本因坊型棋笥　/304
6. 竹棋笥　/308
7. 竹根棋笥鹿儿岛蛤碁石　/311
8. 牛革棋笥　/314

第一章 棋子的演变和发展

一、棋子演变和材质分类

1. 自然石和磨制棋子

关于棋子的演变和发展，并无明确的史料记载，在历史长河中，制作棋子所用材料甚多，各种材质的棋子也往往并存于同一时代，有的围棋史学研究者将围棋棋子的演变按照时代划分，未免有些牵强。迄今为止，有实物可证的棋子是现藏于邹县文物保管所邹县境内西晋永康二年（公元301年）刘宝墓出土的"刘宝墓围棋子"。出土时棋子盛于灰陶罐内，为两面突起的扁圆形。由黑白二色石子磨制而成，呈扁圆状，光滑圆润，与现日本两面凸围棋子相似。共计272枚。"刘宝墓围棋子"是考古发现的最早的围棋实物。

有报道称刘宝墓出土实物"计有青瓷器、釉陶器、博山铜炉、铜奁，陶皿器，有镇墓兽、马牛车、武士俑、内侍俑和灶井、臼、厕所模型。一根西晋骨尺和一盒围棋子，围棋子盛于一陶盒内，系天然海卵石，无加工痕迹，共150余件"。此说不确，棋子为两面凸形状，且大小均匀，显然是天然卵石打磨而成。

刘宝墓围棋子

1980年，敦煌县博物馆（敦煌市博物馆前身）工作人员在唐代寿昌城遗址中发掘出土了66枚围棋子，其中黑色41枚，白色25枚，多为花岗岩石制成，有少量几颗是玉石质地。这些棋子虽经历风沙掩埋，但出土时依旧能看出其是经过精细的磨制。棋子的形状呈圆饼形，中间凸起。中圆直径为1.2厘米，中厚为0.75厘米，重量为12克。

天然卵石磨制的棋子在唐宋也时有所见，唐诗人李洞曾有《寄窦禅山薛秀才》诗就对此有所描述：

窦岭吟招隐，新诗满集贤。
白衫春絮暖，红纸夏云鲜。
琴缠江丝细，棋分海石圆。
因知醉公子，虚写世人传。

李商隐的《因书》也有"海石分棋子"句。

绝徼南通栈，孤城北枕江。
猿声连月槛，鸟影落天窗。
海石分棋子，郫筒当酒缸。
生归话辛苦，别夜对凝釭。

隋唐时期两面凸石质围棋子

当然，天然卵石磨制棋子也不仅限于海石，山石、河石亦可磨制。宋人韦骧《赋石棋子以机字韵》五言排律诗中描述得非常具体：

灵岩山下石，采拾比珠玑。
圆璞生虽小，文楸数可围。
纷纭星并霣，黑白玉争辉。
赋质神工妙，磨砻俗巧非。
透关经手耐，争道转心稀。
落落无情甚，谁为胜负机。

圆如璞玉，润比珠玑的"灵岩山下石"，再经巧匠磨砻，所制棋子，直可与玉争辉。

宋人杜绾所著《云林石谱》中也曾详细描述自然石河石棋子：

"鄂州沿江而下，隔罗濮之西土，名石匮头。水中产石，如自然棋子，圆熟扁薄，不假人力。黑者宜试金石，白者如玉温润。山下有老姥，鬻此石为生。相传神怜媪，故以此给之。"

自然石不经磨砺，若凑成361枚黑白子，费时费工，殊属不易，老姥鬻石为生，生计维艰。

石制棋子是迄今可见的最早的围棋棋子实物，且根据文献记载，古人也认为，最早的棋子是"划沙为道，石子为棋"应无疑义。

有人以中国汉字"棊"证明先秦棋子是木制的，似有误解，"棊"字实为"摴蒱六博"所需"十二棋"之"棊"，而非围棋之"碁"，《说文》（汲古阁版）：棊，博棊，从木，其声，臣铠曰：棊者，方正之名。古通谓博弈之子为棊，故摴蒱之子用木为之也。并举例：又《楚辞·招魂》菎蔽象棊，有六博些。注：樗蒱马也。《康熙字典》对于"棊"的释义，特别强调了"棊"是"樗蒱马也"。

关于"摴蒱六博"，本书第一卷文中曾有介绍，请参阅。

也有人认为："汉代扬雄在《法言·吾子》中说：'断木为棋……亦皆有法焉。'说明在汉代及以前，出现过木制的棋子。汉代流传下来的精美漆器，可以从侧面印证当时的工具和工艺水平，足以制作出合用的木棋子。但是最终，木制的棋子没能流传下来，而被石质的人工棋子所取代。"

此说更是大谬。对于《法言·吾子》中说"断木为棋……亦皆有法焉"，古人早有注疏：

"断木为棋"者，说文："棋，博棋。"系传云："棋者，方正之名也。古通谓博弈之子为棋。"按：有博棋，有弈棋。博、弈异法，而所用之子通有棋名。方言云："博谓之蔽，或谓之箘。秦、晋之间，谓之博；吴、楚之间，或谓之蔽，或谓之箭里，或谓之博毒，或谓之夗专，或谓之㙜璇，或谓之棋。所以投博谓之枰，或谓之广平。所以行棋谓之局，或谓之曲道。"说文："博，局戏也，六箸、十二棋也。"楚辞招魂云："菎蔽象棋，有六博些。"王逸注："投六箸，行六棋，故谓六博也。"此博棋也。方言云："围棋谓之弈。自关而东，齐、鲁之间，皆谓之弈。"班固弈旨云："北方之人谓碁为弈。"说文："弈，围棋也。"广雅释言云："围棋，弈也，此弈棋也。"孟子告子，焦疏云："博盖即今之双陆，弈为围棋，今仍此名矣。以其局同用板平承于下，则皆谓之枰。以其同行于枰，皆谓之棋。"是也。博棋，古以竹为之，说文："箘，箘簬也，一曰博棋也。"亦以木为之，韩非子外储说云："秦昭王令工施钩梯而上华山，以松柏之心为博，箭长八尺，棋长八寸，而勒之曰：'昭王尝与天神博于此矣。'"亦用石为之，山海经中山经云："休与之山，其上有石焉，名曰帝台之棋。"又南山经云："漆吴之山多博石。"是也。其弈棋之子，今多用石，古亦以木为之。韦弘嗣博弈论云："枯棋三百。"李注引邯郸淳艺经云："白、黑棋子各一百五十枚。"此明谓弈棋，而云枯棋者，是用枯木为之。说文："枯，木名也。"夏书曰："唯箘、簵、枯。"今书作"楛"，马注云："楛，木名，可以为箭。"郑注云："肃慎氏贡楛矢，知楛中矢干。"盖楛之质坚，可以为矢，故断以为棋，犹箘、簬性劲，故以为矢，亦以为棋也。"捖革为鞠"者，捖，各本皆作"睆"。音义："睆革，音缓，又音款。断木也。"此不得其义。司马云："睆旧本作捖。"今据订正。说文"刓，抟也"；"抟，圆也"。字亦作"捖"，淮南子俶真云："嫥捖刚柔。"高注："和调也。"嫥捖，即抟刓也。孙氏诒让札迻云："睆为垸之假字。垸革，言以革为圆丸也。考工记：'冶氏重三垸。'注：'郑司农云：垸，量名，读为丸。'列子黄帝篇'累垸二而不坠'，庄子达生篇'垸'作'丸'。此垸亦谓丸也。"按：孙说亦通。音义："为鞠，居六切。"说文："鞠，蹋鞠也。"文选曹子建名都篇，李注引郭璞三苍解诂云："鞠，毛丸，可蹋戏。"史记卫将军骠骑列传云："穿域蹋鞠。"索隐云："鞠戏以皮为之，中实以毛，蹴蹋为戏也。""亦皆有法"者，列子说符释文引古博经云："博法，二人相对坐，向局。局分为十二道，两头；当中名为水。用棋十二枚，法六白、六黑。又用鱼二枚，置于水中。其掷采以琼为之。二人互掷采行棋。棋行到处即竖之，名为骁棋，即入水食鱼，亦名牵鱼。每一牵鱼获二筹，翻一鱼获三筹。若已牵两鱼而不胜者，名曰被翻双鱼，彼家获六筹，为大胜也。"淮南子泰族云："故事有利于小而害于大，得于此而亡于彼者。故行棋者或食两而路穷，或予踦而取胜，偷利不可以为行，而智术可以为法。"按：食两而路穷，谓已食两鱼而不胜者；予踦而取胜，谓翻一鱼获三筹者也，此博棋之有法也。御览七百五十三引桓谭新论云："俗有围棋之戏，或言是兵法之类。及为之，上者远棋疏张，置以会围，因而伐之，成多得道之胜。中者则务相绝遮要，以争便求利，故胜负狐疑，须计数而定。下者则守边隅，趋作罫目，自生于小地。"弈旨云："夫博悬于投，不专在行，故优者有不遇，劣者有侥幸。踦挐相凌，气势力争，虽有雄雌，未足以为平也。至于弈则不然。高下相推，人有等级，若孔氏之门，回、赐相服。循名责实，谋以计策，若唐、虞之朝，考功黜陟。器用有常，施设无祈，因敌为资，应时屈伸，此弈棋之有法也。"从中不难看出，大多注家均认为"断木为棋"之棋，当是博棋，而非弈棋，其中"其弈棋之子，今多用石，古亦以木为之。"韦弘嗣博弈论云："枯棋三百。"李注引邯郸淳艺经云："白、黑棋子各一百五十枚。"此明谓弈棋，而云枯棋者，是用枯木为之。说文："枯，木名也。"夏书曰："唯箘、簬、枯。"今书作"楛"，马注云："楛，木名，可以为箭。"郑注云："肃慎氏贡楛矢，知楛中矢干。"盖楛之质坚，可以为矢，故断以为棋，犹箘、簬性劲，故以为矢，亦以为棋也。"上述所据还是韦昭（曜）所著《博弈论》："夫一木之枰，孰与方国之封？枯棋三百，孰与万人之将？"

即便"枯棋"之"枯"是为"楛木"，然楛木"犹箘、簬性劲，"可断木为棋，也是制博棋，若制成三百围棋子，则须特殊工具，且费时费工，完全没有必要。

有研究者认为古代棋子为木质有吴国人韦昭（后避司马昭讳改为"曜"）所著《博弈论》可证："夫一木之枰，孰与方国之封？枯棋三百，孰与万人之将？"认为"枯棋"就是木质棋子，笔者不以为然。

宋以后，"枯棋"才在古人的诗词文章中时有所见，但大多泛喻围棋，而对于"枯棋"即指木质棋子，古也人早有质疑。宋学士张拟在《棋经十三篇》中也使用了"枯棋"的说法。《棋局篇第一》曰："枯棋三百六十，白黑相半，以法阴阳。"日本宽永年间（1624-1644年）的《玄棋经俚谚钞》一书对此句注曰："棋子为木制，故称为枯棋。"当是根据《玄玄棋经》编纂者元人严德甫、晏天章的一段话。

《玄玄棋经》编纂者元人严德甫、晏天章将《棋经十三篇》收入该书，对"枯棋"一词特别注释："枯棋，韦宏嗣（韦昭，字宏嗣）《博弈论》有'枯棋三百'之语，其义未详。或曰：'古者棋局、棋子，皆以木为之，故曰枯棋'。未知本于何说。"

其实严、晏二人认为"枯棋三百"之语，其义未详。并对有的人说"古者棋局、棋子，皆以木为之，故曰枯棋"的说法提出"未知本于何说"的质疑。

《二十四史》《三国志卷六吴书二十》载："韦曜字弘嗣，吴郡云阳人也。曜本名昭，史为晋讳，改之。少好学，能属文，从丞相掾，除西安令，还为尚书郎，迁太子中庶子。时蔡颖亦在东宫，性好博弈，太子和以为无益，命曜论之。其辞曰：'……夫一木之枰孰与方国之封？枯钘三百孰与万人之将？衮龙之服，金石之乐，足以兼钘局而贸博弈矣。'"南梁昭明太子撰（唐）李善注《昭明文选 卷五十二 论二》载"夫一木之枰，孰与方国之封；枯钘三百，孰与万人之将。（李善注：邯郸淳艺经曰：钘局，纵横各十七道，合二百八十九道。白黑钘子，各一百五十枚。）衮龙之服，金石之乐，足以兼钘局而贸博弈矣。"

邯郸淳艺经所说钉局，本指棋局和棋子，"枯钉"晦涩难懂，"枯棋"言简意明，后人将"枯钉"写作"枯棋"本无大错，但若据此推断古代围棋子为木质，就有些想当然了。

而且扬雄在同一著作《扬子法言》问道卷第四中谈到围棋时，用的是"碁"字："或曰：'刑名非道邪？何自然也？'曰：'何必刑名，围碁、击剑、反目、眩形，亦皆自然也。由其大者作正道，由其小者作奸道。'"以此可见，起码在汉代，"棊""碁"二字，各明其义，"棊"指挎蒲、六博之棋子即十二棋，而"碁"为围棋之棋子。扬雄一代大儒，遣词造句，自不会用错字。

魏晋之后，"碁""棊"通用，后更有"棋"字，逐渐取代"碁""棊"二字。

从修辞的角度来说，古人文章赋论，讲究对仗，经常有四六句行文，此文"夫一木之枰，孰与方国之封；枯钉三百，孰与万人之将。夫是语气词，而"一木之枰"对"枯钉三百"，是围棋枰、子的修辞对仗，"枯钉"指代棋子，三百只是虚数而已。

宋以后，"枯钉三百"早已被"枯棋三百"所取代，诗人经常以"枯棋三百"指代围棋入诗，不过因平仄关系，"枯棋三百"在诗中常写作"三百枯棋"，如宋代胡宿《寄昭潭王中立》：

高弦一弄武溪深，六幕天空万里心。
吴苑歌骊成远别，楚峰回雁好归音。
十千美酒花期隔，三百枯棋弈思沈。
莫上孤城频送目，浮云西北是家林。

宋代黄庭坚《弈棋二首呈任公渐·其一》

偶无公事负朝暄，三百枯棋共一樽。
坐隐不知岩穴乐，手谈胜与俗人言。
簿书堆积尘生案，车马淹留客在门。
战胜将骄疑必败，果然终取敌兵翻。

宋代刘子翚《致中手谈见知胡漳州而奇仲未有定论》：

了无胜负着胸中，三百枯棋破老慵。
云陈春收花脱树，雹声夜碎月衔峰。
危机每悴张颐虎，窘步休夸独眼龙。
无复漳州赏新妙，只应公论付吾宗。

宋代洪刍《阙题二首其一》

槐下枣花篡篡，麦秋葚子离离。
不沽十千美酒，难消三百枯棋。

等等，不胜枚举。而宋以前未见有"枯棋三百"入诗，"枯棋三百"入诗自宋人始，也正好从另一侧面证明了"古者棋局、棋子，皆以木为之，故曰枯棋"之大谬。

当然，木质棋子也偶有所见，不过是作为奢侈品，用名贵木料所制，而非普及之物。如唐代冯贽《云仙杂记》曾记录："开成中，贵家以紫檀芯、瑞龙脑为棋子。"紫檀芯贵重自不必说，瑞龙脑是一种香料名。唐代段成式《酉阳杂俎》记："天宝末，交趾贡龙脑，如蝉蚕形，波斯言老龙脑树节方有，禁中呼为瑞龙脑。"而龙脑，又名瑞龙脑，龙脑之贵重，较紫檀芯犹有过之。

前文说过，各种棋子材质往往在同一时代并存，石质棋子之外，古代常见有云子（永子）、琉璃子（玻璃子）、硝子（日本对古时玻璃子之称谓）、陶磁子，较为名贵者为玉子、玛瑙棋子、蛤碁石、玉化蛤碁石（小砗磲）、白蝶贝等，最为名贵罕见者还有象牙子、犀角子、鲸齿子等。

2. 云子（永子）

有的研究者认为，早在唐代，云子就已出现，其根据是唐代傅梦求的《围棋赋》，其中有"枰设文楸之木，子出滇南之炉"句。众所周知，云子出云南，但是否傅梦求所说的滇南之炉烧出之子便是"云子"，却值得商榷。从出土实物和文献记载来看，起码在明以前没有具有云子特征的实物出土，也没有人和文献记载有对于云子的描述。傅梦求所说的"子出滇南之炉"应该是滇南烧制的琉璃子。

明代著名的地理学家徐霞客亦曾游历至"极边之地"的云南保山，《徐霞客游记》中有"棋子出云南，以永昌者为上"的记载。

笔者以为，云子定形于明代更为可信。保山坊间还流传着"吕祖授艺"的传说：相传一千多年前，八仙之一的道教宗师、又精于棋道的吕洞宾云游至永昌郡，于太保山南麓塔盘山下的龙泉池畔，见一生至孝至贫，乃授其炼石之艺，以永昌盛产之玛瑙、玉石、琥珀煅烧围棋子售卖。生遂大富。

《明一统志》和《大清一统志》亦称"永昌之棋甲天下"。明代《滇志》论及永昌府物产亦称"料棋……列郡第一"（"料棋"即用矿料烧制的永子围棋）。清刘昆《南中杂说》亦曾详述并还记录了烧制方法："滇南皆作棋子，而以永昌为第一，盖水土之别云。烧法：以黑铅七十斤、紫英石三十斤、硝石二十斤为一料，可得棋子三十副，然费工本已三十六七两矣。其色以白如蛋青、黑如鸦青者为上。若鹅黄鸭绿、中外洞明者，虽执途人而赠之不受也。烧棋者以郡庠生李德章为第一。世传火色，不以授人也。余在永昌以重价得之。庚申冬日为叛兵所掠，惜哉。今滇中游客出银五钱，便市棋三百六十枚，宁有佳物？"

刘昆此段记述说明，即使在清代，云子质量也有高下之分，五钱银子一副的云子是不会有好东西的。

清光绪十一年《永昌府志》卷六十二也记载了永子的用料及制作工艺："永棋，永昌之棋甲于天下。其制法以玛瑙石、紫英石合研为粉，加以铅硝，投以药料合而煅之。用长铁蘸其汁，滴以成棋。有牙色深黑者，最坚；次碧绿者，稍脆；又蜡色、杂色及黑白皆有花者，其下也。"

据传云子之祖是永昌人李德章在明代正德七年（公元1512年）用当地出产的南红玛瑙、玉石、翡翠和琥珀等珍贵矿石原料熔炼制成的围棋子，因其产于永昌，便被世人冠以"永子"之称。

李德章生于永昌（今保山隆阳）工读善弈，曾经在朝廷一珠宝仓库任司器之职，后因失火罢官回乡，苦无生计，

回到永昌老家的李德章，眼见家中丝线生意日渐艰难，忽忆起当年京城珠宝仓库意外失火，熔化的珠玉遇水凝固后晶莹剔透，光彩照人，遂有以当地玛瑙、玉石等材制棋子之念，乃变产借贷，终于正德七年（公元1512年）成功制成"永子"。嘉靖十八年（公元1539年），永子被朝廷敕令为贡品。

3. 琉璃子和玻璃子（水精）

玻璃古时有琉璃、陆离、颇黎、水精、火齐、明月珠、瑟瑟等名称。一直到明末，玻璃一般都通称为琉璃。至清初，琉璃专指用于建筑上的用低温彩陶所烧造的釉面砖瓦，于是将其他琉璃制品改称玻璃。清末，玻璃制品又有料器之称。

宋代刘铉《少年游·戏友人与女客对弈》词中曾有描述：

石榴花下薄罗衣，睡起却寻棋。未省高低，被伊春笋，拈了白琉璃。
钗脱钗斜浑不省，意重子声迟。对面痴心，只愁收局，肠断欲输时。

词中白琉璃就是玻璃子。

明代孙传庭《清凉石与王永泰对弈》诗：

欲证三乘妙，非争一局强。
山中人自静，石上日偏长。
子夺琉璃色，枰分薝卜香。
岂同赌墅客，定不碍清凉。

其中"子夺琉璃色，枰分蒼卜香"也是对琉璃棋子的描述。古人以琉璃入诗颇多，但如上述以琉璃专指棋子的诗词却不多见，可见在古代，琉璃棋子并不普及。

行文至此，不得不提到1985年西安市东郊的隋代寺院主持墓出土的所谓的琉璃棋子，此品收藏于陕西历史博物馆，且曾作为出土隋琉璃棋子多次展出。

1985年西安市东郊的隋代寺院主持墓出土的所谓的琉璃棋子

出土的所谓琉璃、玛瑙棋子呈圆锥形，底平，高2.7cm，底径2.6cm，无论是形状、大小，均迥异于古代围棋子规格，且不说古代围棋子较现代小，即使在现代，最大号的棋子直径也不会超过2.3cm，日本最大号60号蛤碁石其厚度也不会超过1.7cm。且如此硕大的棋子根本没有可供行棋的相应棋局，可见1985年西安市东郊的隋代寺院主持墓出土的所谓琉璃棋子并不是围棋子。

如前文所述，琉璃棋子自古有之，但现代意义上的玻璃制作棋子的广为使用，大概自明清始，早期玻璃围棋子由于纯度的原因难以制出纯正的黑白色，而多为蓝、绿、黄等色。

明清至民国时期玻璃围棋子

明末清初时期玻璃围棋子生产中心在山东颜神镇（今淄博市博山区）。早期玻璃围棋子不仅颜色各异，且玻璃硬度不高，极易碎裂，传世甚稀，所存多为出土品。

清代黄绿两色玻璃围棋子

另外古诗文中所提到的水晶棋子应该也是琉璃子。前文棋具篇中提到吴越国王钱俶在太平兴国六年（981年）归顺宋朝后，宋太宗曾赐他"楸木棋局"和"水精棋子"，《宋史·吴越世家》曾记载："上遣中使赐钱俶文楸棋局、水晶棋子，乃谕旨曰：'朕机务之余，颇曾留意，以卿在假，便可用此以遣日。'"文中水晶棋子应该就是玻璃棋子。

明代李东阳有一首《雪月夜观水精棋戏作》诗：

雪月光中夜未阑，楸枰乱落水精寒。
情贪白战停杯久，眼入空明下子难。
长怪官曹无暇日，偶从愁里得奇观。
撚须呵手非吾事，聊复灯前凭几看。

诗中描写"水精"棋子用一"寒"字，也正符合玻璃的特性。玻璃棋子在冬夜较其他材质的棋子触手更有寒意。

笔者所藏古"水精"棋子

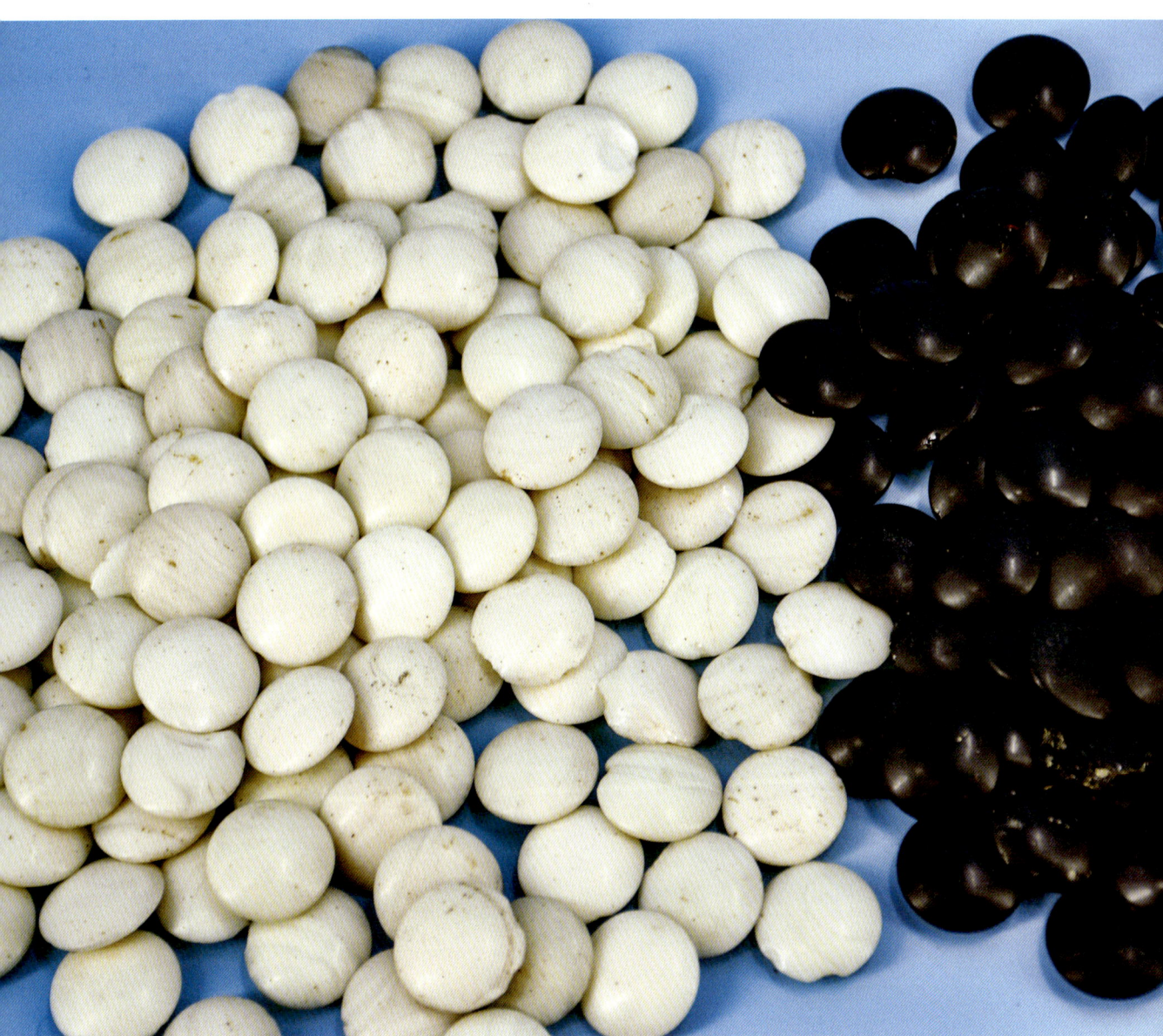

笔者所藏日本江户时期硝子棋子

在日本，幕末时期的玻璃棋子称为硝子。

4. 陶瓷质子

宋元时期，由于制瓷业的迅猛发展，陶瓷已为大众实用之物，陶瓷质棋子也应运而生，当然，由于陶质棋子质低价廉，只在勾栏瓦肆和平民中流行，从出土的棋子形状质地来看，陶质棋子甚为粗糙。

网上所传宋元时期陶质围棋子图片（存疑）

更为大众接受的是瓷质棋子，瓷质棋子有无釉和有釉之分，无釉棋子触手粗糙涩滞，有釉者触手光滑细腻，略显高级。

宋元时期有釉瓷质围棋子

宋元时期印花纹瓷质围棋子

陶瓷质棋子为方便烧制，多为两面平状，并多模印出各种花纹图饰。但即使模印有花纹，也难掩低俗，毫无华贵之气，难登王公贵族、文人士大夫们的大雅之堂。

5. 竹制子

为了携带方便，日本还曾出现以竹为材精心打磨的竹质棋子。竹制棋子重量级轻，与便携式棋盘组合，适于郊野出游，行客羁旅随身携带，十分轻便。

笔者所藏竹质棋子

较为名贵者为玉子、玛瑙棋子、蛤碁石、玉化蛤碁石（小砗磲）、白蝶贝子等。

6. 玉子

玉文化是汉文化不可或缺的重要组成部分，中国人爱玉，是因为玉有君子之德。《诗经》《小戎》便将君子比之于玉："言念君子，温其如玉。"在《荀子·法行篇》中，孔子更对玉之七德做了深入解说："子贡问于孔子曰：'君子之所以贵玉而贱珉者，何也？为夫玉之少而珉之多邪？'孔子曰：'恶！赐！是何言也！夫君子岂多而贱之，少而贵之哉！夫玉者，君子比德焉。温润而泽，仁也；栗而理，知也；坚刚而不屈，义也；廉而不刿，行也；折而不挠，勇也；瑕适并见，情也；扣之，其声清扬而远闻，其止辍然，辞也。故虽有珉之雕雕，不若玉之章章。诗曰："言念君子，温其如玉。"此之谓也。'"

玉有七德，王公贵族文人士大夫们慕君子之风，追如玉之德，拈玉子对弈，在陶冶情操的同时，又可"以玉养德"，何乐而不为，于是便有了玉质棋局，棋子应运而生。最早见之于文字记载的玉子是"白瑶玄玉"。

梁武帝萧衍《围棋赋》："枰则广羊文犀，子则白瑶玄玉。"历代文人以玉入诗词者更是数不胜数：

唐代杜牧《送国棋王逢》：

玉子纹楸一路饶，最宜檐雨竹萧萧。
赢形暗去春泉长，拔势横来野火烧。
守道还如周柱史，鏖兵不羡霍嫖姚。
浮生七十更万日，与子期于局上销。

宋代卫宗武《坟庵棋罢对月》：

僧庵恰好傍山坳，门外幽泉碎玉敲，
棋罢道人心似水，一钩新月挂松梢。

故宫博物院所藏养心殿所保留的清宫围棋嬉戏实物还原场景，也摆放着一副精美的棋具，围棋子便是由青、白玉石制成。

笔者所藏日本玉子

笔者所藏古玛瑙棋子

7. 玛瑙棋子

玛瑙制子，古已有之，1968年朝阳市纺织厂内辽墓出土黑白玛瑙围棋子，每色出土186子，圆饼状（现藏于辽阳市博物馆）。

1972年元代遗址也曾出土一套红白玛瑙围棋子。

古玛瑙棋子，取其自然，绝不加工染色，且工艺精湛，晶莹圆润，而现代玛瑙棋子为工业化生产，不仅工艺粗糙，且加工染色，遮掩瑕疵，与古玛瑙棋子天差地别。

8. 蛤碁石

蛤碁石始于何时已不可考，虽然现在蛤碁石已成为日本国宝，但最早出现却是在中国，唐时随着围棋传入日本。

最迟在唐代，就已经有了蛤碁石，有前文所引唐代齐己《谢人惠十色花笺并棋子》诗可证：

陵州棋子浣花笺，深愧携来自锦川。
海蚌琢成星落落，吴绫隐出雁翩翩。
留防桂苑题诗客，惜寄桃源敌手仙。
捧受不堪思出处，七千余里剑门前。

齐己朋友所赠棋子为海蚌琢成，即今蛤碁石无疑。

唐时蛤碁石定是稀世之物，不然，朋友也不会作为贵重礼物惠赠大诗人齐己了。而齐己也专门作诗答谢，除了表达对朋友的深厚友谊珍而重之的真挚心情之外，亦足可见蛤碁石之珍稀贵重。

蛤碁石之最，当属玉化蛤碁石（俗称小砗磲，非今之砗磲子）。

纪昀《阅微草堂笔记·滦阳续录（二）〈记所得朝鲜围棋〉》便是玉化蛤碁石：

朝鲜使臣郑思贤，以棋子两套赠予，皆天然圆润，不似人工。云黑者海滩碎石，年久为潮水冲激而成。白者为小车渠壳，亦海水所磨莹，皆非难得。唯检寻其厚薄均，轮廓正，色泽匀者，日积月累，比较抽换，非一朝一夕之力耳。置之书斋，颇为雅玩。后为大司农取去。司农殁后，家计萧然，今不知在何所矣。

能入纪大学士法眼，且郑而重之记入《阅微草堂笔记》，足见此副棋子之不凡。不过文中说"不似人工。云黑者海滩碎石，年久为潮水冲激而成。白者为小车渠壳，亦海水所磨莹，"似乎值得商榷，那时蛤碁石制作工艺早已成熟，日本、朝鲜上层阶级弈者得一副蛤碁石棋子定非难事，且纪晓岚活动年代大致相当于日本天明、宽政时期，斯时自然石棋子早已绝迹，故文中棋子当是玉化蛤碁石无疑。

笔者所藏玉化蛤碁石

曾看到过一篇报道:"……同样是稀世珍品的不仅有棋墩,还有棋子。吉田寅义展示的一副棋子,原料来自日本日向地方。在那里,多年前发生的一次地震引发的地壳变动将一些蛤壳埋在地下,变成了化石。用这些化石,最终打磨出180颗白色的围棋子。那棋子,放在棋盘上晶莹碧透,拈在手中,温润腻滑,这180颗白棋子仅此一套,丢一颗都没办法配上。看到吉田寅义小心翼翼地拿着那副棋子的样子,就知道它的贵重。一问果不其然,这180颗棋子标价540万元,每颗棋子的价值相当于一辆低档小轿车。"

文中所说"多年前发生的一次地震引发的地壳变动将一些蛤壳埋在地下,变成了化石。用这些化石,最终打磨出180颗白色的围棋子"。这些所谓化石棋子,就是玉化蛤碁石。

关于蛤碁石,后文将做详细介绍,此不赘述。

笔者所藏白蝶贝子

同属海蚌，蛤碁石外，更稀有者有白蝶贝子，系由白蝶贝磨制而成，贝壳独特的螺旋形状，及其纹理、色彩和光泽，独具华美的艺术表现特色，所制棋子带有明显的珍珠般的莹润光彩，典雅高贵。

9. 象牙子

最为名贵罕见者还有象牙子、犀角子、鲸齿子。

自古以来,象牙制品就是至为贵重的艺术珍品,而象牙围棋子不仅贵重,更显奢华。

宋代蔡伸《临江仙》词曾描述象牙棋子:

帘幕深深清昼永,玉人不耐春寒。镂牙棋子缕金圆。象盘雅戏,相对小窗前。隔打直行尖曲路,教人费尽机关。局中胜负定谁偏。饶伊使幸,毕竟我赢先。

而流传至今最早的象牙子实物却是收藏于日本正仓院的日本圣武天皇曾经使用过的棋子,名曰红牙拨镂棋子,棋子径1.6cm,厚0.8cm。为染色象牙子,雕刻有花鸟图案,颜色为绿、红两色。据《东大寺献物帐》收藏品台账记载,此品为百济义慈王(641年-660年在位)赠予藤原镰足(本名中臣镰足,被赐姓藤原,为藤原氏始祖,日本飞鸟时代的政治家,)的礼物,后献于皇室。账记600枚,现仅存252枚。

象牙棋子——红牙拨镂棋子

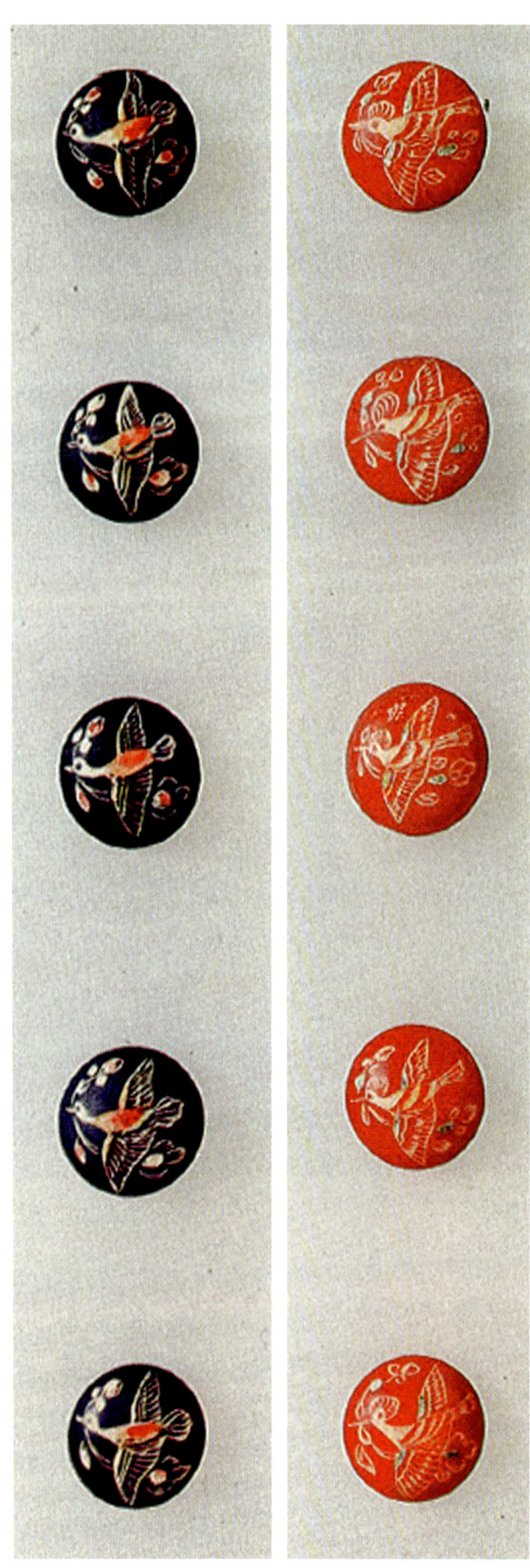

日本正仓院藏相当于我国唐时的
象牙棋子——红牙拨镂棋子

另有文记，现藏于日本正仓院的相当于我国唐时的象牙棋子——红牙拨镂棋子，"白石棋子"百四十五枚，"黑石棋子"百十九枚。拨镂棋子，牙质，分红蓝二色，上镂瑞鸟衔花文样，盖棋子中之最精美者也。《献物帐》称：此局乃百济王义慈进于内大臣镰足者。

笔者所藏古象牙棋子（白子原色，黑子染色）

宋代楼钥《织锦棋盘》诗曾有"白象乌犀"之说：

锦城巧女费心机，织就一枰如许齐。
仿佛回文仍具体，纵横方卦若分畦。
烂柯未易供仙弈，画纸何须倩老妻。
如欲拈棋轻且称，当求白象与乌犀。

白子为象牙所制，黑子则用黑犀牛角制成，即使在古代，犀角也是珍惜名贵，难得一见之物，宋人棋具，不厌奢华！

10. 犀角棋子

上文说道宋人有犀角棋子，不但见之于诗词，也有宋人法帖实物可证。

无独有偶，现藏于台北故宫博物院的北宋著名书法家蔡襄的草书《暑热帖》中也有犀角围棋子的记载。如果说诗中描述难免夸张，不尽写实，不可为证，则蔡襄行草书致公谨尺牍，俗称《暑热帖》中所记不仅可以证明犀角棋子确切存在，且有时价。

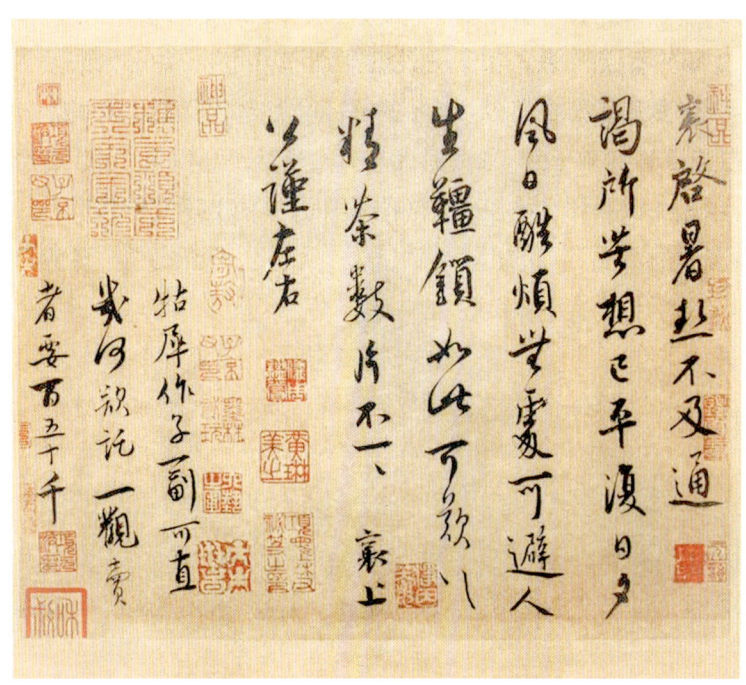

蔡襄行草书法《暑热帖》（致公谨尺牍） 纸本 23cm×29.2cm

《暑热帖》释文："襄启，暑热，不及通谒，所苦想已平复。日夕风日酷烦，无处可避，人生缠锁如此，可叹可叹！精茶数片，不一一。襄上公谨左右。

牸犀作子一副，可直几何？欲託一观，卖者要白五十千。"

关于释文，顺便更正，"欲託一观"之"託"字，多有文章释为"托"者，此字左为标准行草书言字旁，右为乇字，在此为寄托，委托之义。託：【说文】寄也。【扬子·方言】凡寄为託。【增韵】委也，信任也。

"牸犀牛作子一副，可值几何？欲託一观，卖者要一百五十千。"牸，牝牛或牡牛之去势者也，此副棋子以犀牛角制成，一千钱为一贯，要价一百五十贯，大致相当于一户平常人家数年所入，价值不菲。

11. 鲸齿子

鲸齿棋子是用鲸齿磨制而成，绝稀绝少，据说日本上世纪曾制三副为世界上所仅存，未知确否。鲸齿棋子别具特色，白子略黄有纹路，黑子染色后花纹奇特，光泽绚丽。

笔者所藏鲸齿子（黑染色）

笔者所藏鲸齿子（白原色）

二、棋子的形状——两面凸和单面凸

棋子的形状有两面凸和单面凸，刘宝墓出土的围棋子的形状，是两面凸起的扁圆形。隋唐时期的棋子也大多是两面凸的形状，围棋传入日本后，从飞鸟、奈良、平安时代至今，日本人一直保留着围棋子两面凸形状的传统。

而在中国，一般来说，凡取材于自然材料，如石、玉、牙、蛤贝、玛瑙等，以磨制工艺制作的棋子均为两面凸形，如蛤碁石、玛瑙棋子，玉子、象牙子，鲸齿子等。凡是人工制作的如玻璃、琉璃、陶瓷、云子等需要烧制成型的棋子大多都是一面平（或两面平）形状，这是因为在烧制后液体凝固的过程中形成一面平的工艺最为简便，成品率高。当然也不绝对，人工烧制的棋子也有两面凸的，如隋唐时期的琉璃子，有实物可证的2001年成都杜甫草堂出土的一枚唐代陶质围棋子就是两面凸形状的，另外，日本围棋子即使是烧制的棋子如玻璃子、陶瓷子也一律都是两面凸形状的，其实中国也是从宋以后，才开始大量出现一面平或两面平的烧制棋子。

古人将棋子制成两面凸形状不仅在于美观，更是因为实用。首先两面凸棋子拈子方便，更易提取。其次，两面凸棋子与棋枰接触点小且有弧度，更能减少对棋枰尤其是卦线的磨损，而一面平的棋子落子一定是相对尖锐的侧面与盘面接触，且提取死子及局后收子时，棋子都会磨划盘面，会对棋枰尤其是罫线造成磨损。古人将棋子制成两面凸形状是有道理的。

第二章　传入日本

众所周知，围棋是从中国传入日本和朝鲜的，日本的围棋子的历史演变自然也不脱中国之窠臼，当然，在历史的长河中，日本围棋子的发展也逐渐形成了日本的民族特色，这突出地体现在蛤碁石和那智石的制作工艺上。

围棋传入之初，日本也多用自然石棋子，这在日本的诸多文献中都有记载。在公元733年左右成书的《风土记》中就有关于围棋棋子的记述，如《日本风土记五·棋格》载："围棋子非造成者，乃本国沿海之傍而有生成石子，俨如做成精致，名曰天威子，出于养久山沿海之处，白子出于大隅山海傍，皆大隅州所属之地。"《常陆国风土记·多珂郡》载："郡南卅里藻岛驿家，东南滨棋子，色如珠玉，所谓常陆国所有丽棋子，唯是滨耳。"与古事记、日本书纪属于同一时期的作品《出云国风土记·岛根郡》载："玉结滨广百八十步。有棋石。东边有唐砥。又有百姓之家。"据说从这个海岸可以采集到非常适合作棋子的石头。而在奈良县藤原京曾发掘出土的棋子便是圆形的自然石，材质黑石为黑色页岩，白石为砂岩。据日本考古界及围棋研究者推定应为7世纪末至8世纪初之实用品。

自然石的棋子直到江户时期仍与其他棋子并存并被使用。日本博物馆就藏有本因坊道策幼年时使用的棋盘和自然石的棋子。

从何时开始大批量用贝壳代替天然石来制作棋子已不可考，有研究者认为是室町时代（1338年-1573年）大阪的笹川祐右卫门最先制作的。但《常陆国风土记》中有"鹿儿岛的蛤蜊制作蛤碁石为当时名产"的记载。可见早在室町时代之前就有蛤碁石制作并广泛使用了。

1684年出版的历史学家黑川道佑所著《雍州府志七·土产》载："围棋之所用黑白石，始自纪伊海滨，其形之大小，自然有适其用者，今绝，故多磨白贝黑石而作之。"此条信息告诉我们，蛤碁石的出现并广泛使用是由于纪伊海滨可适用于围棋子者"今绝"，于是开始"磨白贝黑石而作之"。

清徐葆祯《中山传信录六 器具》记载出使琉球时的有关围棋见闻时写道："棋局高尺许，脚三四寸，面厚七八寸；极坚重。黑子磨鏊石为之，白子磨螺蛤顶骨为之。人皆善弈，谓之'悟棋'。下时，不用四角黑、白势子；局终，数空眼多少，不数实子也。"

钦命册封琉球副使赐正一品麟蟒服内阁中书前翰林院检讨绵州李鼎元撰《使琉球记》卷三记录得更为详尽："二十四日乙巳，晴。闲居无可消遣，与介山弈。用琉球棋子，白者磨螺之封口石为之。内地小螺，拒户有圆壳，海螺大者，其拒户之壳厚五六分，径二寸许，圆白如砗磲，土人名曰封口石；黑者磨苍石为之。子径六分许围二寸许，中凸而四围削；无正背面，不类云南子式。棋盘以厚木为之，厚八寸；四足，足高四寸；面刻棋路。其俗好弈，举棋无不定之说，颇亦有国手。局终，数空眼多少，不数实子，数正同。相传国中供奉棋神，画女像如仙子，不令人见；乃国中雅尚也。"

可以得出结论，蛤碁石在室町时代以前就已经开始制作使用了，江户时期开始普及使用，直至今日。

如日式足跗棋盘一样，蛤碁石也一枝独秀，在日本围棋棋具市场上具有垄断地位。尽管如此，诸如玉子、玛瑙棋子，象牙子、鲸齿子等也时有出现，江户末期还出现过方便旅行、郊游携带的竹制轻便棋子。不过此类棋子存世不多，尤其是象牙子、鲸齿子更是绝世珍品，很难见到。

为普及用，明治时期还尝试生产陶瓷制廉价棋子。保存至今的江户、明治、大正时期玻璃棋子（日本称硝子）也时有所见，但由于当时还没有硬化玻璃的技术，棋子很容易碎裂，保存至今的极为稀少。现代，塑料和硬质玻璃棋子制品大批生产，近年来也有方便携带的磁性棋盘棋子制品。虽然这些廉价棋具对围棋的普及起到了很大的作用，但毫无收藏把玩价值。

第三章　蛤碁石

一、蛤碁石的历史

　　蛤碁石是人们在从4000种贝壳中发现的独特的适于制作棋子的有机珍宝，被誉为宝石围棋。

　　英国作家卡利霍尔在其编写的《宝石——自然珍藏图鉴丛书》中，将贝壳列为一百三十种宝石之一，称贝壳是一种奇妙的"活化石"，英、美、澳等国学者编著的《贝壳大自然》中汇载了世界上四千多种贝壳，但迄今为止，除了江户时期鹿儿岛、镰仓海岸、三河湾等地外，可满足制作蛤碁石的贝壳仅有明治时期发现的日本日向市小仓滨蛤贝和墨西哥湾的蛤贝。就墨西哥可用于制蛤碁石的蛤贝来说，经X——衍射分析鉴定属于文石（生物型碳酸钙），从化学分析得知，它除含有碳酸钙外，还富含有甲壳素，结晶致密、坚硬、强度高，不易碎、不易风化，有细密纹路。所以适宜制作蛤碁石。

　　最早的蛤碁石产地是在鹿儿岛海岸，鹿儿岛的贝壳很薄，明治期的《落语速记》曾描写鹿儿岛产蛤碁石："古老的围棋子和贝壳的曲线一样，很薄，中间略凹。"江户时期，蛤碁石代表性的产地还有志摩的答志岛、淡路岛、镰仓海岸、三河等地。文久年间开始，上述产地蛤碁石材料逐渐稀少，接近枯竭，人们开始在宫崎县日向市附近的日向滩沿岸寻找挖掘可制棋子的贝壳，于明治四十一年发现了日向小仓滨蛤贝资源。

　　江户时期，蛤碁石的主要制作工坊多在大阪地方。明治十年（1877年）前后，大阪梅田的浅野信吉制作师发明了机械制作棋石的方法，从此开始了蛤碁石的半工业化生产，但高级品最后也要经过人工打磨。

　　从文久年间人们在宫崎县日向市附近的日向滩沿岸寻找挖掘可制棋子的贝壳开始，历经40多年，终于在明治四十一年（1908年），有人发现了日向市小仓滨海岸蕴含丰富的可制作蛤碁石的优质精美的蛤贝资源，消息传开，著名的蛤碁石制作师小川荣次郎乃从大阪迁往日向市开始制作蛤碁石，于是蛤碁石制作中心开始逐渐从大阪向日向转移，直至今日，日向市已成为蛤碁石的唯一制作地。上世纪70年代，由于日向市的蛤贝资源已日渐枯竭，日本开始从墨西哥湾进口蛤贝资源制作蛤碁石。

　　近些年，如同榧木资源和小仓滨蛤贝资源枯竭一样，墨西哥湾蛤贝资源也越来越稀少，目前由一家日本株式会社承包进口墨西哥蛤贝，而为了尽可能保护自然资源，控制出口，每年开采量控制在仅供制作蛤碁石5000副以内的原材料蛤贝。

　　与蛤碁石配套的黑子则为产于日本三重县熊野市郊外的那智黑石打磨而成。那智石是一种特殊的页岩矿石，通体黝黑，石质细腻，与中国制砚所用名石端石、歙石极其类似，在日本，那智石也用以磨制高级砚台，雕刻工艺品。如此细腻的石质磨出的棋子黑而不亮，含蓄润泽，手感极佳。在平安时代，日本派出的遣隋使、遣唐使都曾以此石进贡中国，那智石可做砚，亦可雕刻赏玩，是日本特有的高档的珍贵石材。

二、日产和日制蛤碁石的区别

除了偶尔能够见到江户时期鹿儿岛、三河白、镰仓海岸等古棋子以及玉化蛤碁石之外，市场上大多是日向特产蛤碁石和日向特制蛤碁石。简称日产和日制，同为蛤碁石，日产和日制有天壤之别。

所谓日产，也就是日向特产，表明棋子的原材料产于日向小仓滨海岸沿线，由日向地方工匠生产的蛤碁石。而所谓日制，也就是日向特制，则表明棋子的原材料是从墨西哥湾进口的，由日向地方工匠生产的蛤碁石。同样是蛤碁石，日向特产和日向特制蛤碁石二者无论是质量，还是价值都相差巨大，不可同日而语。

两者的区别在于原材料产地的不同，由于原材料产地不同，两者的质地相差巨大，制作工艺也有不同，简单归纳有如下几点：

1. 生料和熟料

产于日向小仓滨的日向特产蛤碁石原料是在地下埋藏了数百年以上的熟料。而产于墨西哥湾的日向特制蛤碁石的原材料是死去不久的蚌壳，是生料。

2. 硬度

由于日产蛤碁石所用原材料小仓滨蚌壳在地下埋藏了数百年之久，已经逐渐石化，其硬质程度与日制蛤碁石所用墨西哥湾正在生长中的蚌壳原材料完全不同，日产蛤碁石硬度明显高于日制蛤碁石。

3. 光洁度

日产蛤棋由于原材料已经在石化的过程中，打磨后的成品会呈现自然的光滑，触手润泽，且使用越久越晶莹，不易沾染污垢。而日制蛤碁石打磨后的成品则无自然光滑，触手略显涩滞，久则易污。

4. 印纹

日产蛤碁石纹印清晰细密，纹路平直，背面光滑无纹，日制蛤碁石纹印较粗且疏，略有青灰色，纹路两端向后弯曲，背面有延伸纹，可见白色的石灰质肉，附着宽松，有的背面形成"舞鹤"纹的石灰质层叠加。

5. 漂白之病

早期日产蛤碁石不经过漂白工序，因此有略带黄色的柔和光感，久则产生淡茶色（或极少淡紫色）包浆，若是经过漂白工序制作的蛤碁石，久则出现铁锈黄色。日制蛤碁石因原料贝壳本身发青灰色，故须经过漂白工序，由于墨西哥蛤碁石采用生料制作，无论是颜色、光洁都非小仓滨蛤碁石可比，在打磨、抛光之后，还需要用过氧化氢（双氧水）漂白，虽然过氧化氢的漂白效果很好，新子洁白如雪，令人赏心悦目。经过漂白，棋子变得白净了，但有机的贝壳经过化学变化，却也质地变酥，是日向特制蛤碁石的一大弊病。且日久则易污，泛黄。

以上亦可用于日产和日制蛤碁石的鉴别参考。

作为收藏，除玉化蛤碁石及其他珍贵材料的棋石外，当然首选日产蛤碁石，一般来说，日制墨西哥蛤碁石仅有使用价值而并不具备收藏价值，但有商家家经常以"全新""雪白""高标号"等标签吹嘘日制蛤碁石，殊不知这些特点与日产蛤碁石完全不沾边。

在日向小仓滨原料于上世纪末已经枯竭的情况下，现在30号以上的全新日产蛤碁石早已不再生产，现在收藏市场上能够见到的日产蛤碁石一般都有略带黄色的柔和光感，或已形成淡茶色包浆。而且，40号以上的日产蛤碁石是很少见到的。

特别要提醒爱好者注意的是，有的藏家和卖家为了藏品变白，便用化学方法将其漂白，甚至还有人特别介绍了漂白的方法："漂白用的过氧化氢浓度通常8g／L，市售过氧化氢（纯品）浓度在30%左右，价格大概8元／瓶，特别精密的仪器也不必购买，1份30%过氧化氢、3份水就差不多了，浸泡40分钟，就可以让受污染的围棋焕然一新。"其实此种方法完全不可取，这不仅完全破坏了藏品的价值，且令其变酥，失去质感，质量变差。就好比古玩爱好者"小白"将宣德炉包浆外壳磨去一样，炉虽灿然如新，但其包浆皮壳毁去，价值也随之一落千丈，得不偿失。

仅从经济价值来说，日产、日制蛤碁石价差在十几倍至数十倍不等。

三、蛤碁石的制作工艺分级

蛤碁石的制作要经过多道工序。首先将原材料贝壳孔切，割成直径22毫米的圆形半成品，此过程称为粗取，将取出的半成品贝壳分类磨制成棋子，再将每组5000个左右的棋子半成品放进木桶进行快速旋转打磨，约八小时后取出。经过木桶打磨之后，棋子表面变得光洁圆润，便可进行分类选择。根据棋子的"形""色""伤"进行甄选，并以此决定分级。对于"形""色""伤"均无瑕疵的棋子，再根据棋子印纹的情况给蛤碁石进行人工分级。

蛤碁石分为雪印、月印、实用印（华印或花印）三个等级。

蛤碁石的花纹称之为纹印，纹印犹如树木的年轮，生长年份愈长则纹印愈细，如果是同等年份的蛤贝，根据取材部位的不同，所制蛤碁石的纹印细密程度也有所不同，蛤贝取材的位置，最边缘一圈一定是雪印；中间是月印，最靠里的一圈为花印（实用印）。

蛤贝前端有花纹的部位较薄，因此，能制作出厚度厚、纹印细密的"雪印"的原材料极为稀少。

雪印：纹印细密，清晰，细密印纹应覆盖棋子80%以上。印纹肌理纤细、贯穿整体。雪印一般能占到总产量的10%左右。

月印：印纹较雪印相比，间隔略有不匀，疏密不规则，印纹之间稍有一些间隔，纹印覆盖率大约在70%。月印一般能占到总生产量的30%。

实用印（日产蛤碁石称实用印为花印或华印）：纹印稀疏，间隔较宽，印纹数量一般在七八条。

关于"华印"，有一种说法认为：

"花印，日向特产的一种碁石规格。历史上采用日向市本地仓浜海滩蛤贝制作碁石，当时日向蛤贝中有一种黄色或茶褐色的花斑似的不规则纹路，使人联想到花的模样，就把此类规格称之为花印。这也是日向特产蛤基石的一个特色。随着日向蛤贝资源枯竭，采用墨西哥蛤贝制作的日向特制蛤碁石由于没有这一特色，仅按纹路的细密程度分为雪印、月印、实用印，就没有再沿用'花印'这种规格称号。简单地讲，'花印'就是日向特产的蛤碁石，纹路的细密程度相当于今天的实用印，仅它带有特殊的茶褐色的花斑（现在很少见）。"未知所据，姑且存疑。

另外，国内玩家还有一种所谓"天印""金印"的说法，号称是在"雪印"之上的顶级印纹，此说法不知何根据，笔者遍阅资料，未见有此说。

总之，藏家入手一定要辨明蛤碁石材质，材质确定之后，再看工艺、型号等其他参数。

四、蛤碁石的形状和型号

蛤碁石的形状分为三种。根据棋子坡度及耳缘薄厚不同，肉的形状也有所不同，分为蒲鉾型、算盘珠型和本因坊型三种。

蒲鉾型　　　　　　　算盘珠型　　　　　　本因坊型

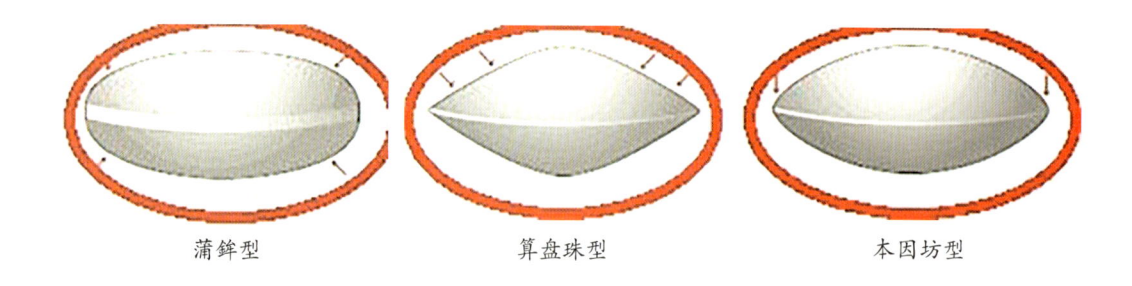

1. 蒲鉾型

蒲鉾型棋子中间凸起部分与耳端坡度较小，耳端边缘肉较厚，看起来比较圆润，略显厚重。

2. 算盘珠型

算盘珠型便如日式算盘珠形状，中间凸起部分与耳端坡度较大，耳端边缘肉削得很薄，看起来有些锋利，给人感觉精神利落。算盘珠型蛤碁石似乎明治以后就很少制作了，现在的蛤碁石一般都是本因坊型。

3. 本因坊型

本因坊型特点是中间凸起部分与耳端坡度适中，耳端边缘肉厚介乎蒲鉾型与算盘珠型之间，十分和谐，更符合现代人的审美。

明治以后，棋子以本因坊型居多。

笔者还藏有一副不同于上述三型的异形蛤碁石，此副蛤碁石两面凸起部分尖端呈平面状，其形介于两面凸和两面平之间，极为罕见。

棋子寸法

各个时代棋子大小略有不同，这是因为各个时代棋盘寸法时有变化的缘故，总的来说，江户时期的棋子较明治以后普遍要小，以白蛤碁石来说，江户时期棋子寸法一般在六分八厘（20.6mm）至七分（21.2cm），而明治以后棋子寸法在七分二厘（21.8cm），这是因为江户时期的棋盘比现行的棋盘一般纵横都要小两分左右。为了视觉上黑白色差的效果，黑子则较白子大一厘，这样看起来黑白子大小才均衡和谐。

由于蛤碁石原材料厚度的限制，江户时期的蛤碁石一般以薄子居多，即使是三河湾所产之三河白棋子虽较鹿儿岛等地棋子厚，一般也很少有超过36号的。但玉化蛤碁石（小砗磲）棋子一般都较厚，有的可达40号以上甚至45号左右，这是因为玉化蛤碁石的原材料为小砗磲，较蛤贝厚得多。

笔者所藏45号玉化蛤碁石

日产小仓滨蛤碁石厚度较之江户时期鹿儿岛、三河湾等地的蛤碁石就已经厚多了，但最大号也在40号上下，与日制墨西哥蛤碁石不可同日而语，据说墨西哥蛤碁石最大有60号的，笔者未曾见过，不过笔者以为，墨西哥蛤碁石炒作大型号以弥补其质劣之不足，实不可取。实际上，45号以上蛤碁石基本已失去实用功能，也并无太大的收藏价值，花费巨资收藏此类蛤碁石，有搜奇猎怪、哗众取宠之嫌。此为一家之言，方家指正。

五、玉化蛤碁石（小砗磲）

砗磲是稀有的有机宝石，白皙如玉，亦是佛教圣物。砗磲、珍珠、珊瑚、琥珀在西方被誉为四大有机宝石，佛家尊砗磲、金、银、琉璃、玛瑙、珊瑚、珍珠为七宝。

《艺文类聚》魏文帝曹丕有车渠碗赋（并序）曰：

车渠，玉属也，多纤理缛文。生于西国，其俗宝之。小以系颈，大以为器。

唯二仪之普育，何万物之殊形。料珍怪之上美，无兹碗之独灵。苞华文之光丽，发符采而扬荣。理交错以连属，似将离而复并。或若朝云浮高山，忽似飞鸟厉苍天。夫其方者如矩，圆者如规。稠希不谬，洪纤有宜。

在江户时期，除了前述江户时期鹿儿岛、志摩的答志岛、淡路岛、镰仓海岸、三河等地的蛤碁石以外，江户时期还有一种玉化蛤碁石，原材料就是一种被称之为小砗磲的贝壳化石。

砗磲经上千年生长直到生命沉寂圆满之后，原本壳质会经历超乎常态的蜕变，白色壳质在恒定温度下经受沙石压力达足够年限后，贝壳质地逐渐玉化，白色物质有如被过滤或被蒸发一般，逐渐水透滑亮，就犹如生命的延续和灵魂的升华。而这种有机质贝壳的玉化是玉石都不堪比拟和媲美的。

砗磲在海底埋藏了几千年乃至几万年，贝壳中的有机物被替代为玉化物质，在增强了化学稳定性的同时，获得了润泽的质感以及丰富的颜色。玉化砗磲极为稀少，所制棋子价值更在日产蛤碁石之上。

六、"老子"和"新子"

最后谈谈对圈内所谓"老子"和"新子"的看法。

关于"老子"和"新子"的定义，圈内并无定论。笔者以为，"老子"和"新子"只不过是一个相对的概念。相较于日向特产小仓滨蛤碁石来说，日向特制的墨西哥蛤碁石无疑就是"新子"。但相对于鹿儿岛、三和湾、小仓滨等地产蛤碁石，日向特产小仓滨蛤碁石又只能算是"新子"了。

所谓"老子"和"新子"，纯粹是对于收藏和鉴赏来说的，主要体现在制作工艺和原材料材质的差异。从这个意义上来说，显然日向特制的墨西哥子的收藏价值大大小于日向特产的小仓滨子，并不具有太大的收藏鉴赏价值。因此，只有江户时期的鹿儿岛、志摩的答志岛、淡路岛、镰仓海岸、三河等地所产的手工制作的蛤碁石才称得上是真正意义上的"老子"，当然，玉化蛤碁石一般都是江户时期作品，也是"老子"。另外在明治十年（1877年）以后至明治四十一年小仓滨蛤碁石出现之前半工业化生产制作的蛤碁石亦可称之为"老子"，但此二者虽原材料材质相同，然制作工艺已有不同，虽同为"老子"，亦应有所区别。而明治41年以后出现的小仓滨蛤碁石和上世纪七八十年代出现的墨西哥蛤碁石就称之为"日产"和"日制"就好，不必再冠以"新子"之名。或者可称日制墨西哥蛤碁石为真正意义上的"新子"。

如果从古玩收藏的断代划分新老，则"老子"和"新子"的概念应该和其他收藏品一样，以战前和战后断代划分为当。

第四章 棋筒

一、概述

　　棋笥是收纳棋子的容器，日本又称之为棋器、棋奁、棋篮、围棋罐子等，如《名物六帖　器材三　踢鞠博弈》记载一条：棋篮　围棋罐子：近日，永嘉以藤编为罐。其中棋篮，围棋罐子就是棋笥。

　　棋笥这个词源自我国古汉语，《礼记·曲礼上》："凡以弓劒、苞苴、箪笥问人者，操以受命，如使之容。"郑玄　注："箪笥，盛饭食者，圆曰箪，方曰笥。"孔颖达　疏："箪圆笥方，俱是竹器，亦以苇为之。"但日本将箪笥之义广而扩之，凡收纳物品之器物，皆称为箪笥，如衣橱衣柜、碗橱碗柜、茶具柜等，乃至有许多暗格机关，在船上发挥着保险柜的作用，船上用于存放重要物品的小柜子也称之为船箪笥。因此，日本将收纳棋子的器物称为棋笥。棋笥古时又称为合子，如日本正仓院用于收奁象牙拨镂棋子的"银平脱合子"。

　　棋笥制作工艺极为复杂，仅木材干燥过程就极为耗费时日，待木材彻底干燥后，经过粗取，再将整木挖空斫磨，或擦漆打蜡，或雕花细刻，或雕漆，或涂绘，或施以金莳绘工艺，棋笥在日本已不仅仅是盛奁棋子的棋具，更是具有实用功能的精美的艺术品。

　　一般最常用的棋笥尺寸是"大""特大""超特大"等。"大"号棋笥用于收奁32号以下蛤碁石，其次为"特大"棋笥，用于收奁36号以下的蛤碁石，还有就是"超特大"（5.3寸），最高可容纳41号蛤碁石，当然，若是41号以上的棋子，就要用"超超特大"的棋笥收奁了。特别要提到的是，江户以前，镰仓海岸，三河湾等地所产蛤碁石较薄，棋子一般都在25号以下居多，棋笥也相应较小。

二、棋笥形状分型

棋笥从形状上来说,江户时期有接近筒型的本因坊型和圆形的安井型。现代使用的多与安井型相近。细分起来,棋笥大致可分为:

1. 安井型

安井型又可细分为平型、铃型、柿型、钵型,安井平型棋笥圜而扁。

笔者所藏安井平型棋笥

安井铃型棋笥圜而似铃。

笔者所藏安井铃型棋笥

安井柿型棋笥似高桩柿子。

笔者所藏安井柿型棋笥

安井钵型棋笥似僧钵。

笔者所藏安井钵型棋笥

2. 本因坊型

本因坊型如圆筒状。

笔者所藏本因坊型棋筒

3. 德川型

德川型棋笥特点在棋笥盖，有圆形雕饰造型。

笔者所藏江户时期德川型梅兰竹菊四君子图金莳绘棋笥

笔者所藏德川异形棋笥

4. 屋敷型

屋敷型棋笥下窄上宽，棋笥盖最宽，如屋顶出沿。

笔者所藏江户时期屋敷型棋笥

5. 枣型

枣型棋笥形状瘦长，棋笥上下两端略收，腹略凸，状似成熟大枣。

笔者所藏枣型棋笥

另有各种异形棋笥标新立异也很有趣，如：

6. 锥型

锥形棋笥底座宽大，口沿狭小，如圆锥截半。

笔者所藏锥形桑棋笥

7. 束颈型

束颈型棋笥颈部内收似箍口瓶。

笔者所藏江户时期束颈烤蓝金钱纹金莳绘棋笥

8. 八角型

八角形棋笥似八角出棱之笔筒。

笔者所藏八角形凤栖梧图高金莳绘棋笥

9. 太鼓型

太鼓型棋笥形状与缩小版太鼓无异。

笔者所藏太鼓型棋笥

总之，异形棋笥也不胜其多。

还有一种异形棋笥如原木棋笥，棋笥腹部保留着苍老的树皮，充分展现木材的原生态，别有情趣。

10. 原木型

笔者所藏原木棋笥

另有不同材质的棋笥，其型各异，如：

11. 竹随形棋笥

竹棋笥是以竹的天然造型，随形斫制而成。

笔者所藏江户时期竹棋笥

12. 牛革棋笥

牛革棋笥以牛革缝制而成，是棋笥中标新立异的另类。

三、棋笥工艺分类

根据制作工艺的不同,棋笥还可分为金莳绘、木胎漆涂绘彩、漆雕、轮岛涂、镰仓雕、乌城雕、赞岐雕、剔犀、剔红等工艺。江户时期,金莳绘棋笥大为盛行,如《视听草六集九〈棋道珍语·本因坊宝物〉》就曾记载金莳绘棋笥:"但(淡)金梨地菊桐之御纹棋笥一对,信长公所赐但(淡)金梨地内朱漆梅鹫模样图绘棋笥一对,堆朱(剔红)金葵御纹棋笥一对。"

1. 金莳绘

笔者所藏江户时期金莳绘棋笥

2. 木胎漆涂绘彩

笔者所藏桑钵型漆涂彩绘乌鹭图棋笥

3. 漆雕

笔者所藏漆雕乌鹭棋笥

4. 轮岛涂

笔者所藏轮岛涂乌鹭莳绘棋笥

5. 镰仓雕

笔者所藏幕末本因坊型镰仓雕凤求凰图文棋笥

6. 乌城雕

笔者所藏乌城雕棋笥

7. 赞岐雕

笔者所藏江户时期赞岐雕花鸟棋笥

8. 剔犀、剔红

笔者所藏剔红（堆朱）棋笥

　　关于金莳绘、木胎涂漆绘彩、镰仓雕、轮岛涂、乌城雕、赞岐雕、剔红（日本称堆朱）等工艺棋笥，在鉴赏一章将随藏品逐一介绍。

四、棋笥材质分类

日本可制棋笥的木料材质五花八门，种类繁多，这是因为制作棋笥所用木料无须大料，随处可得，只要木性比较稳定，不易开裂，美观耐用即可。棋笥和盖子一般都应该是取同一块木材制成，如此才能使得棋笥与盖子纹路相符，浑然一体。锯开的用于制作棋笥的原材料须经多年自然干燥，且须整木制作而成，更要经十数道工序方可完成，尤其是那些江户时期手工制作精雕细琢的棋笥，虽仅是棋子收纳器具，却堪称是美轮美奂的艺术珍品。

棋笥根据其所用的原木品种、取材方法和部位、原木的色泽、纹理以及制作水准等诸多因素的不同，风格迥异，自然也有高下之分，其本身所蕴藏的文化价值也有天壤之别，玩家对其欣赏、把玩的韵味自然也就大不相同。

棋笥木取：按照取材方向的不同，棋笥可分为柾目、板目、芯目三种。

柾目木取棋笥条纹整齐直正，性能稳定，不易开裂，大部分棋笥都是柾目木取。板木木取、芯木木取花纹各异，别有情趣。

棋笥一般收敛于棋笥箱保护，可做棋笥箱的木材甚多，最常见的是桐木箱，此外也有松木及其他杂木等，甚至有用屋久杉、小笠原桑等材制作的，至为高档，一般都用来收纳高档棋笥，珍稀棋子，十分罕见。江户，明治时期大名家还经常将棋笥箱罩以黑漆或红漆，以示尊贵，且更耐腐。

用以制作棋笥的常用木料按照价值高低排序有：

1. 岛桑、本桑和小笠原黑桑

岛桑棋笥为棋笥中的极品，有金色和深色的闪光魅力，硬度适当，品位卓绝。岛桑，在日本木材中的地位至高无上，可与我国黄花梨媲美，众所周知，黄花梨奉海南黄花梨为正宗，俗称"海黄"。而岛桑则奉御藏岛桑为最，被誉为黄金桑。一对御藏岛桑棋笥甚至超过一块日式足跗本榧棋盘价格。绝少有岛桑做棋盘是因为绝少有足够斫制棋盘的岛桑大料。

岛桑木质细腻，光彩夺目，其所特有闪闪发光的黄金色泽更是其他材质所不能比拟。前文说过，日本古时有专门制作以桑为原料的工匠，他们有一个专门的名字叫"桑物师"。岛桑制品在过去是皇家、贵族、武士等的最爱。据说至今日本天皇的"专列"，木材装饰所用木料就非岛桑莫属，可见岛桑身份之贵重。

笔者所藏岛桑根杢棋笥

岛桑棋笥，尤其是御藏岛桑之所以贵重，是因为岛桑材非但愈久弥坚，且其色泽也随岁月迁延而愈来愈漂亮，并变幻出神秘的色彩。所以日本将岛桑棋笥称为"棋笥之王"。

特别要说一说小笠原岛所产之"黑桑"。小笠原岛虽不在伊豆七岛之列，但小笠原桑也应在岛桑之列，且小笠原桑较之岛桑更为稀有，关于小笠原桑请参阅前文。

笔者所藏小笠原桑棋笥

岛桑之外，本桑棋笥也属高档之列，其色泽纹理虽不及岛桑，却也十分美丽，且木质坚韧，不易开裂，是仅次于岛桑、屋久杉、黑柿等最常见的高档棋笥。

2. 屋久杉

本桑棋笥虽然也还不错，但与屋久杉棋笥却不可同日而语，关于屋久杉，前文已有较为详尽的介绍。由于屋久岛特殊的地理环境、土质成分和气候条件，使得屋久杉生长周期漫长，从而令其木纹具有致密扭曲的绚丽文彩。而屋久杉由于树脂丰富，致使木质肌理润泽，并散发沁人心脾的幽幽香气。由于资源匮乏，现在用于制屋久杉棋笥的材料主要来自过去被砍伐后留下的树根或极少的自然死亡的枯朽倒木。

屋久杉棋笥木纹致密，且有甘香味道。普通屋久杉棋笥纹理规整清晰，油脂丰富，有药味清香，已经价值不菲，而用屋久杉根材所制棋笥，便会形成屋久杉杢木所特有的斑斓的花纹，更是稀有珍贵，尤其值得收藏。

笔者所藏屋久杉棋笥

3. 黑柿和莴苣

"黑柿"是日本特有的黑柿木，其木材制坚硬，极难加工，由于黑柿具有自然形成的独特的黑、黄两色不规则斑纹明显，如行云流水，又如阴阳消长，给人以强烈的视觉冲击，其美不凡，极具观赏性，尤为标新求异者所钟爱，价值不菲，是仅次于岛桑，屋久杉的高档棋笥，值得拥有。

另有一种"莴苣木"，制出棋笥酷似黑柿，淡黄褐色，纹路细腻，只是棋笥色差对比度较黑柿木略差，木质非常坚硬，不易开裂。"莴苣木"棋笥更为稀少，其梦幻般的迷人色调，美轮美奂，极具观赏性。"莴苣木"棋笥与"黑柿"棋笥极为相似，不易分辨，故列此一并介绍。

4. 老槐

日本特产的槐木，从北海道到九州都有生长。在日本，槐木因和"延寿"同音，自古以来作为消除病魔、长寿的象征，倍受推崇，其纹理也自由奔放，潇洒清晰，所制棋笥视觉效果极佳，也是稀有少见的高档棋笥。

5. 高野槙

另有一种棋笥材料为日本独有的高野槙木棋笥。高野槙生长于本州岛、四国、九州等地。木理通直，纹路细腻，油脂丰富，级耐腐朽。有独特香气。也是极为稀少的棋笥精品。

6. 楢

另有楢木棋笥材质纹理接近于高野槙，楢木生长于北海道、九州等地，材质坚硬，纹理致密，略带白色斑纹，也是极为罕见的高档棋笥。

7. 铁刀木

俗称鸡翅木，以材质坚硬、刀斧难入而得名，在国标红木之列，木材坚硬致密，耐水湿，不受虫蛀，为上等家具原料。老树材黑色，纹理状如鸡翅，极为绚丽，铁刀木棋笥品级尚在黑檀之上。

笔者所藏铁刀木棋笥

8. 紫檀

日本所说的紫檀棋笥和中国说的紫檀概念不太一样，但也是指东南亚的那些黄檀属、紫檀属的木头，而并非一定是印度小叶紫檀。

日本紫檀并不一定是日本产的木头，在日本，紫檀、黑檀、铁刀木被称之为为三大唐木，另外日本所说的花林（花梨）也属于唐木。所谓唐木，也并非是指中国产的木头，而是指古代从中国输入的名贵木材。日本所崇尚的木材风格与中国完全不同，在日本，最高级的是岛桑、屋久杉、黑柿、本桑等，其次才是唐木棋笥，再次则属榉木等。

总之，紫檀棋笥虽不能与岛桑、屋久杉、黑柿等相比，但其质地坚硬，典雅大方，也在高级棋笥之列，缺点是较易开裂破损。

笔者所藏紫檀棋笥

9. 黑檀

前面说过，黑檀也属唐木，质地坚硬，花纹绚丽，黑褐色条纹色差明显，虽不及黑柿，但也给人以较为强烈的视觉冲击，夺人眼目，缺点如紫檀一样，与其他木质相比，也相对较易开裂破损。

笔者所藏老黑檀（虎皮黑檀）棋笥

10. 花林

花林木多产于泰国、缅甸等东南亚国家，从菲律宾到巴布亚新几内亚也有分布。其边芯材的区别清晰明显，边材呈淡淡的黄白色，芯材呈黄褐色到略带紫色的赤褐色。以条纹状花纹居多。

花林木纹理交错。韧性强，硬度高，木质重，肌理乱。

花林棋笥材质坚硬，色彩鲜艳，木纹明显，紫色中布满极细微的肉眼可见的白色点状是其特征，也在高级棋笥之列。但花林棋笥干燥若不彻底，则易变形开裂。

11. 榉

榉木，属榆科榉目落叶阔叶树。产于日本本州、四国、九州等地，也分布于朝鲜半岛。榉木边材和芯材的界线分明，边材呈灰白色，芯材呈黄褐色，年轮清晰，有光泽。为日本阔叶树排名第一的良材，是古代日本寺院、神社建筑用材的首选，也广泛应用于建筑材料、家具材料等。

产于日本的榉木称作"本榉"。榉木杢木经常有牡丹形、泡状等美丽杢纹。榉木棋笥光泽深透，有质感，色调明快，与榧木棋盘搭配，显得和谐完美，故榉木棋笥为很多围棋爱好者喜爱，不过作为收藏，榉木棋笥仅属一般。

梦幻般迷人的色调，天然图案犹如云彩，美轮美奂，极具观赏性。

榉木棋笥纹理细密，色调明亮，较有档次，属中高档棋笥。

笔者所藏榉木棋笥

12. 榧

榧木棋笥虽色泽亮丽，纹理清晰，香味浓郁，但极易开裂，不适于干燥地区使用。

其他如莴苣、老松等都可制棋笥，比较少见，较常见的中档棋笥还有樱木、枫木、楠木，椿木、蒴檀木等，各有特色。

初入门者所用普及型棋笥为栗木所制，栗木纹理粗糙，颜色灰暗，属低档产品。

总之，以制品所用材质排序棋笥档次的话，在日本最高档者以岛桑、屋久杉、黑柿（莴苣）为最，本桑、老槐、楢木、高野槇、铁刀木、紫檀、黑檀、老松、花林俱可在高档之列，而榉木、榧木、樱、枫、楠、椿木，蒴檀等为中档棋笥，低档棋笥为栗木或其他杂木所制棋笥。

高档棋笥都配有专门的棋笥箱收敛，棋笥箱是为了保护棋笥，防止棋笥受损，一般用桐木制成。桐木在日本所有的木材中属于最轻的一种，以棋笥箱保护棋笥，不仅防尘，同时还有一定的防潮湿作用。棋笥箱也有用松木等其他木材制成，在日本最高级的棋笥箱有用屋久杉制成的，屋久杉不仅花纹绚丽，且有幽幽香气，用以收敛屋久杉、岛桑等高档棋笥，更能彰显其豪华气质。

第五章 鉴 赏

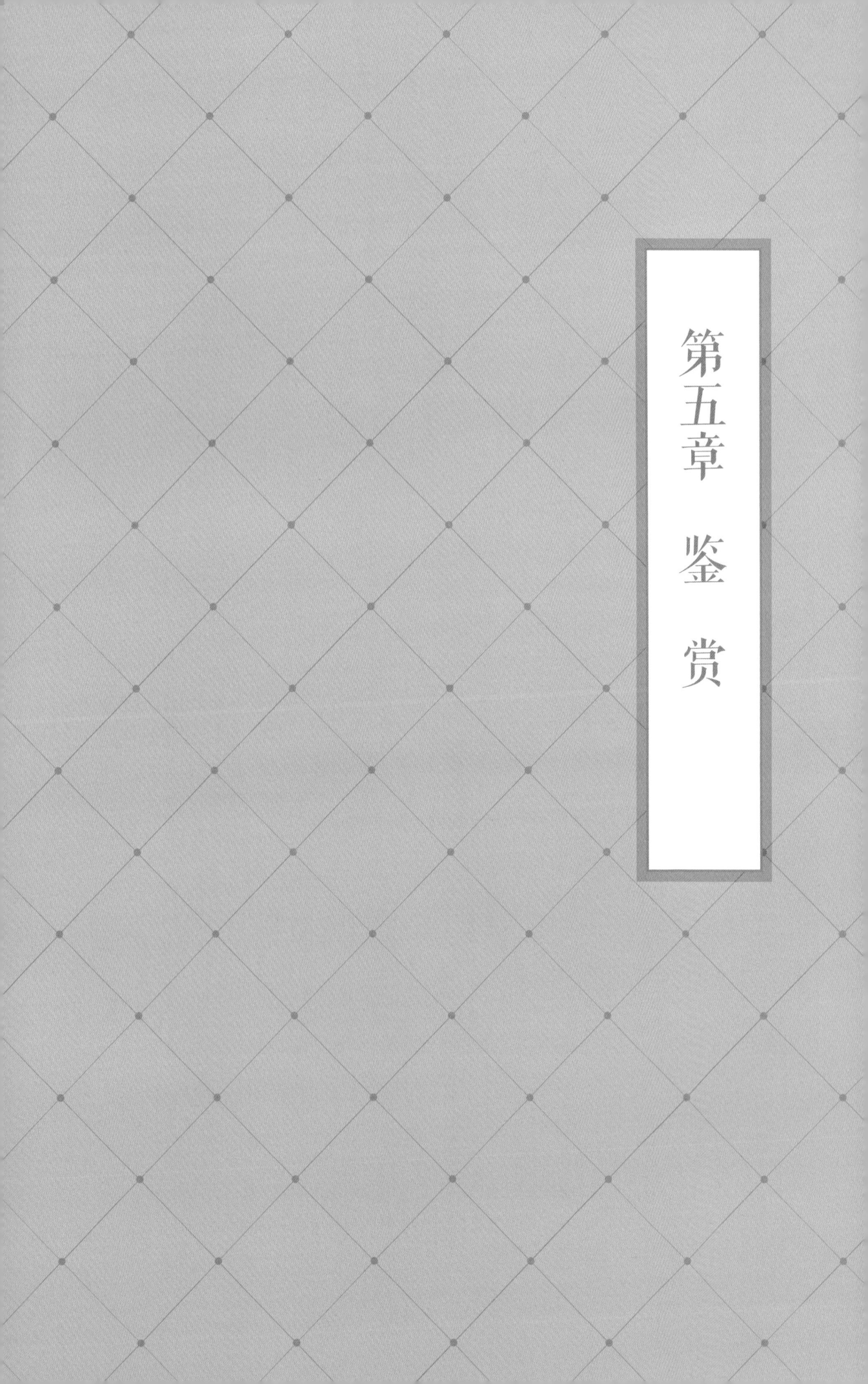

一、名家签名棋具棋笥棋子

1. 濑越宪作题"手谈"棋笥

此件藏品别出心裁,濑越宪作先生于一对棋笥盖内面一题"手谈",另一书"濑越宪作题"款,略有隶书笔意,是濑越先生书法中上佳之品,明人程明宗在《弈薮》后跋中写道:"夫弈以烂柯为仙技,手谈为神局,龙吐棋经为秘诀。"类聚七十四引云:王中郎以围棋是坐隐,支公以棋为手谈。

"手谈"作为围棋之别称，人所熟知。"手谈"一词最早见之于南朝刘宋文学家刘义庆（403-444年）《世说新语》："王中郎以围棋是坐隐，支公以围棋为手谈。"同时代南朝梁开国功臣，政治家、文学家、史学家沈约（441-513年）在《棋品序》中也说道："支公以为手谈，王生谓之坐隐。是以汉魏名贤，高品间出；晋宋盛士，逸思争流。"晋尚清谈之风，以围棋之"逸思"，"手谈"而争流，当也并非支公之独创，晋宋盛士，自然不乏高品名贤，手谈坐隐，蔚然成风。

支公就是东晋高僧支道林，身为佛门弟子，却作《庄子注》，将佛学引入庄学，以"即色义"释《庄子》"逍遥义"。此公亦佛亦道，轶事颇多，当时名流谢安、王羲之等对其推崇备至。晋人扪虱而谈，尚高雅之风，弈者不语，然于纹枰方罫之间，黑白布势，不啻语言交流，思想碰撞，故"支公以围棋为手谈"，"手谈"无暇扪虱，当也是晋人清谈之风的一大进步，后人遂以"手谈"代称围棋。唐太宗李世民更开以"手谈"入诗之先河：

《五言咏棋》
　　手谈标昔美，坐隐逸前良。
　　参差分两势，玄素引双行。
　　舍生非假命，带死不关伤。
　　方知仙岭侧，烂斧几寒芳。

同时代，光辉灿烂的大汉文化早已融入日本大和民族的血液中，而在日本被尊为"学问之神"的菅原道真于宽平七年（唐昭宗乾宁二年）亦有诗作《围棋》用"手谈"之典：

　　手谈幽静处，用意兴如何。下子声偏小，成都势几多。
　　偷闲犹气味，送老不蹉跎。若得逢仙客，樵夫定烂柯。

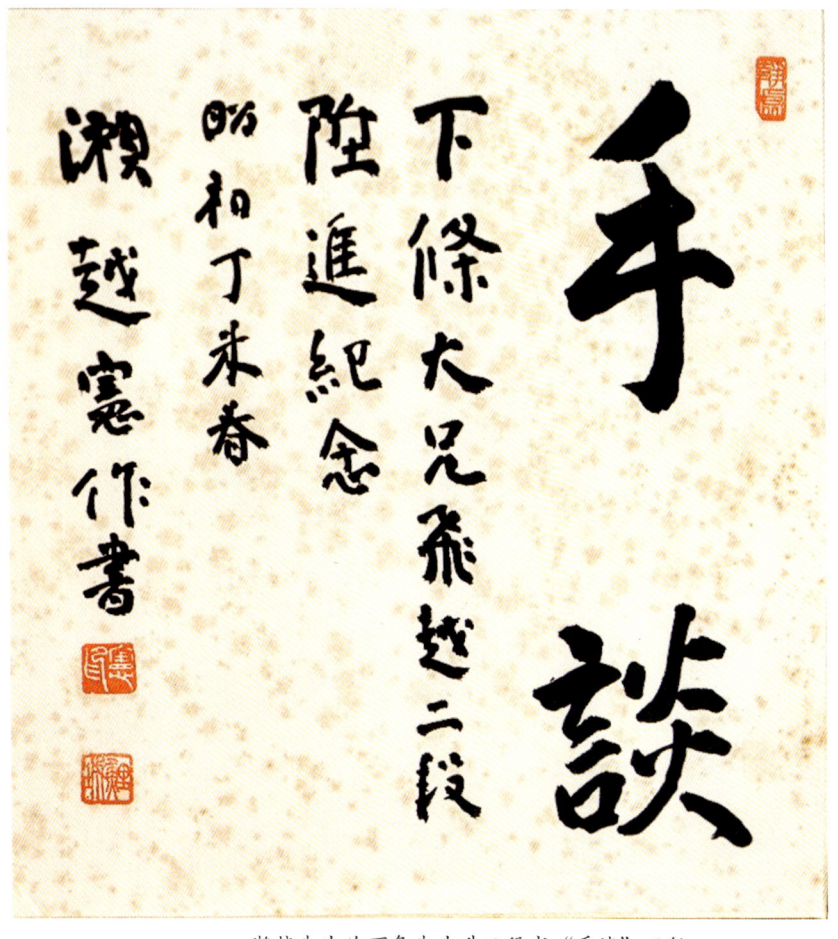

瀬越先生为下条先生升二段书"手谈"以勉

后人以"手谈"一词入诗尤多，如唐诗人薛戎《游烂柯山》："不语寄手谈，无心引樵子。"宋代黄庭坚《弈棋二首呈任渐》："坐隐不知岩穴乐，手谈胜与俗人言。"宋代王炎《游东山》："手谈一局未了，叶落花红几回。"明代柯潜："手谈偶笑橘中叟，不是机心犹未消。"而以"手谈"入词，益增画面感之意境，如宋人王之道《南歌子》：

雨过山如洗，风来草似梳。佳人不惯手谈输。却道如今重赌、选官图。

似此种种，不胜枚举。

"手谈"是一种以围棋为介质的高雅的社交方式，"手谈"更是一种境界。

2. 濑越宪作题"玄趣"屋久杉棋笥33号本因坊型玉化蛤碁石

本品棋笥箱内有濑越宪作题书"玄趣"并署名。
唐人裴说有《访道士》诗描述问道谈玄，粗得玄趣之乐。

高冈微雨后，木脱草堂新。
唯有疏慵者，来看淡薄人。
竹牙生碍路，松子落敲巾。
粗得玄中趣，当期宿话频。

围棋之理，亦与道和，其中妙趣，玄而又玄，故濑越先生题"玄趣"以喻围棋之道之深远。

屋久杉柾目棋笥油脂丰富，纹理清晰，庄重典雅，有屋久杉特有的幽幽香气逸出，沁人心脾。佥33号本因坊型玉化蛤碁石。

此品外箱有大师题铭，屋久杉棋笥奇香淡雅，玉化蛤碁石玉润珠圆，可谓笥、石、箱三绝。

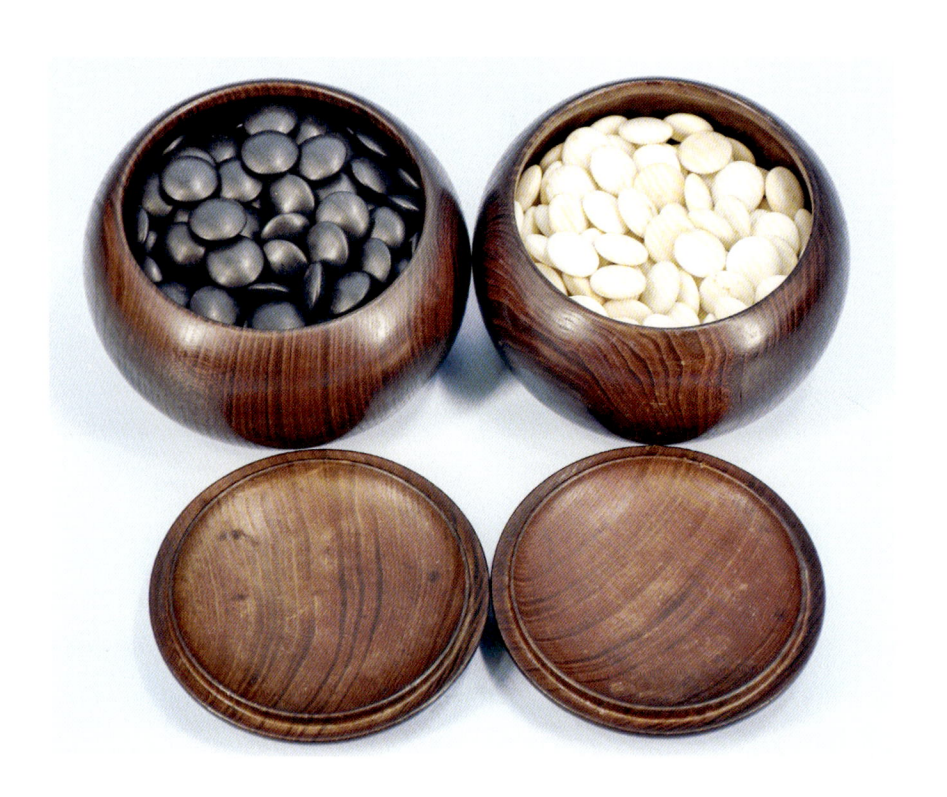

3. 濑越宪作题"畅如"本桑棋笥33号日向小仓滨雪印蛤碁石

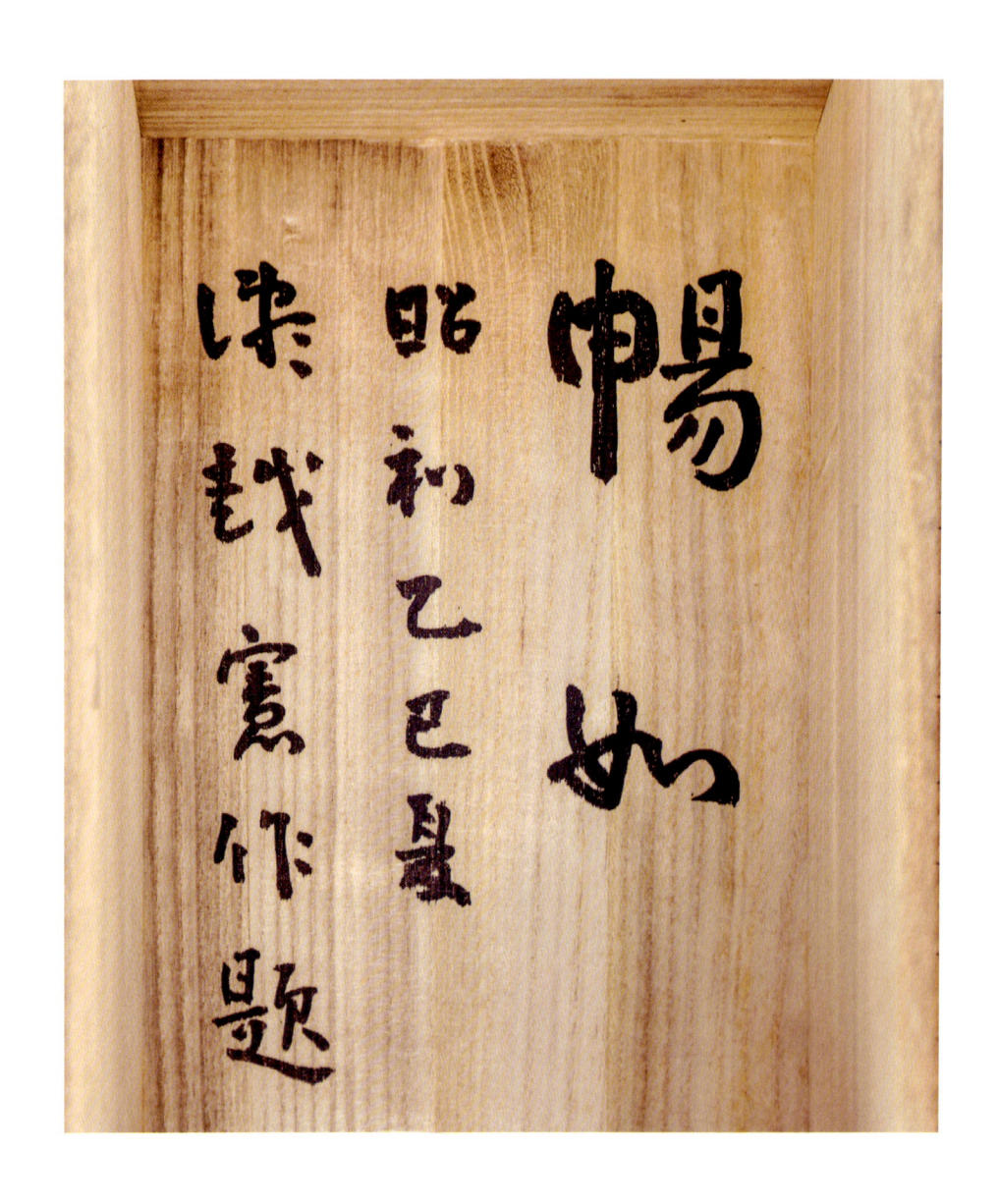

此件藏品棋笥箱盖内墨书"畅如"二字，左两行"昭和乙巳年（1965年）夏"年款，"濑越宪作题"名款，为濑越先生壮年所书。箱有褐色包浆，略有陈旧感。箱纵34cm，横18.5cm，高14.5cm。

箱内收纳本桑棋笥，包浆灿然。直径14cm，高10cm。

棋笥内藏白子33号日向小仓滨雪印蛤碁石180枚，黑子那智石181枚，白子晶莹剔透，印纹致密，如梦如幻。

"畅如"一词无出典，应该是畅如行云流水之意。宋代苏轼《答谢民师书》："大略如行云流水，初无定质，但常行于所当行，止于所不可不止。"以喻文章流畅自然，民国著名政治家、教育家、书法大家于右任曾制"道似行云流水，德如甘露和风"联，以彰"道""德"，老子曰："道法自然"。天下至道，自当畅如行云流水，自然而然。而围棋之至高境界何尝不如是：神游局内，意在子先，下子布势，畅如行云流水，行于所当行，止于所不可不止。弈者果能如此，也就可以参得围棋之至道了吧！这，也许就是濑越宪作先生题"畅如"之深意，也是濑越先生所期望达到的一种理想境界吧。

配有四寸八分日向榧天地柾棋盘，盘纵45.3cm，横42.2cm，厚14.5cm，总全高27cm。

4. 关山利一题"丽娴"本桑棋笥42号玉化蛤碁石

本品棋笥外箱题"丽娴"箱盖内面有"上原氏清嘱昭和十九年夏七段关山利一书"字。钤有朱印。

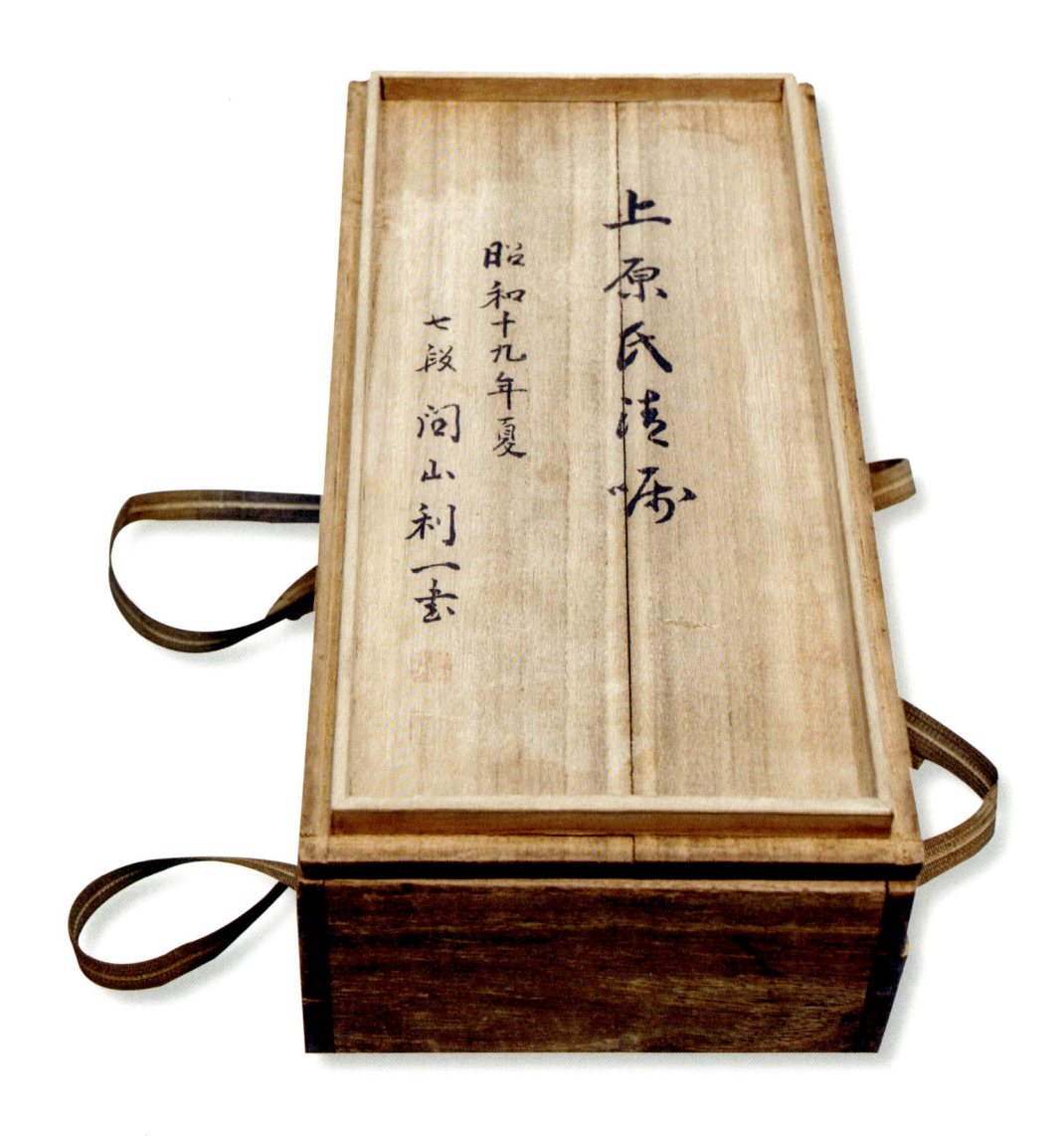

"丽娴"一词典出魏文帝《登台赋并序》：

建安十七年，春游西园。登铜雀台。命余兄弟并作。其词曰：登高台以骋望，好灵雀之丽娴；飞阁崛其特起，层楼俨以承天。步逍遥以容，聊游目于西山。溪谷纡以交错，草木郁其相连。风飘飘而吹衣，鸟飞鸣而过前。申踌躇以周览，临城隅之通川。

魏文帝以"丽娴"形容灵雀之美。此处灵雀应为禽鸟之美誉。围棋素有"乌鹭"别名，而手谈对弈，黑白落子，恰如乌鹭争飞，亦有灵雀之丽娴，关山利一题"丽娴"于棋笥箱内，别有新意。

桑棋笥包浆厚重，42号玉化蛤碁石莹润可人。

关山利一，著名的日本九段棋士，其子关山利夫，孙关山利道均先后成为关西棋院九段棋士，关山利一幼时由其父关山利盛四段开蒙习弈，后拜著名的围棋教育家铃木为次郎名誉九段为师，是木谷实同门师兄。关山一家是迄今为止，唯一的祖孙三代同为九段棋士的围棋世家。本因坊秀哉名人将本因坊头衔赠予日本棋院后，在第一期本因坊头衔战中，关山利一力压群雄，勇获冠军，第二期本因坊战，关山利一因病缺席。

关山利一名下弟子白石裕、梶原武雄在日本棋界也名噪一时，享有盛誉。

5. 吴清源题"知新"小笠原桑棋笥39号玉化蛤碁石

本品棋笥箱题"知新",下署"乙亥吉日吴清源"款。

"知新"语出孔子"温故而知新,可以为师矣"。

乙亥年为1935年，是年吴清源21岁，并在这一年加入了红会，在吴清源自传里曾有记载："我21岁加入红会，到87岁的今天，我依然信奉着红会的教导。"为专心修行，吴清源专程往天津，计划进行百日严格修行。但日本方面对吴清源迟迟不归有所担心，濑越宪作发来"速归"电报，师命难违，吴清源不得不缩短行程，提前结束修行功课，于12月返日继续围棋之路。此箱题字当是吴清源天津修道之前所书。

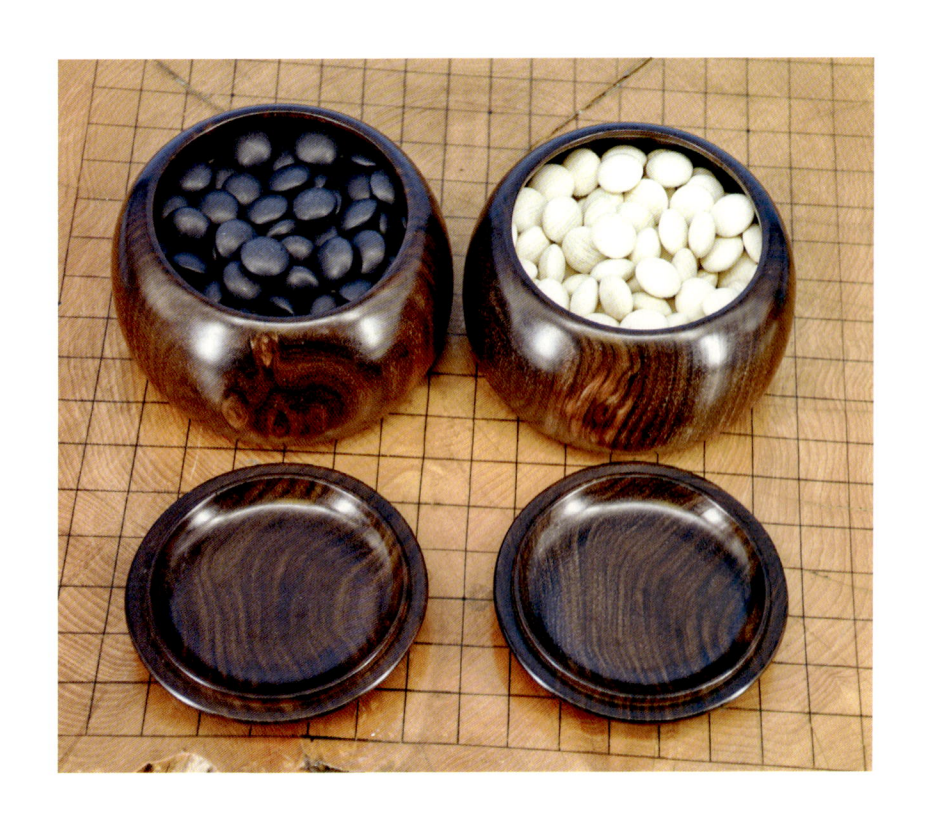

棋笥为小笠原桑，乌黑油润。内盛39号玉化蛤碁石，晶莹剔透。

6. 吴泉题"静明"屋久杉棋笥41号日向小仓滨雪印蛤碁石

此品为吴泉题"静明"屋久杉棋笥41号日向小仓滨雪印蛤碁石。

吴清源大师原名吴泉，十四岁东渡日本，以吴清源名噪天下，世人遂只知吴清源而不知吴泉，然1937年至1940年间，吴清源因故更回吴泉本名，这段历史却鲜为人知。

此件藏品棋笥桐箱墨书"静明"，署名吴泉，"静明"之意，是为道家境界，庄子曰："静则明，明则虚，虚则无为而无不为也。"静可明道，静明以悟围棋至道，其最高境界，便是参自然大法，入"无为而无不为"境界，感受宇宙之机，超然于胜负之外，则无所不敌！正是由于吴大师早在20多岁时，便参得"静明"大道，才有了一代宗师巨匠的斐然成就，演绎出"21世纪的围棋"这一超越时代的围棋思想，今日的人工智能围棋，也见证了吴大师的伟大围棋构想。

宋人杨简《咏春》诗曰：

日日看山不厌山，白云吞吐翠微间。
静明光里无穷乐，只是令人下语难。

　　围棋便如百看不厌的奇峰异岭，置身于白云吞吐的翠微之间，参悟弈道，永无竟时，玄妙之机，无以言表，只在静明光里，棋乐无穷！

桐木箱内藏屋久杉超特大棋笥，收纳41号日向特产雪印蛤碁石棋子，包浆自然，白润如玉，纹印极为细密，棋笥深褐色，原木打磨，未有漆涂，包浆灿然，抚之有木之纹理质感，香气幽幽，沁人心脾。原配五寸九分日向榧木里足趾棋盘，包浆莹润，榧香怡然，当是吴大师30年代末所得自用之物。

　　得此藏品，何其幸焉！

7. 本因坊薰和题"静中动"德川型金莳绘棋笥30号日向小仓滨雪印蛤碁石

　　本品棋笥箱墨书"静中动"三字,下署"本因坊薰和"箱盖内书"昭和二十三年六月吉日"钤阴文"本因坊"阳文"薰和"朱印。

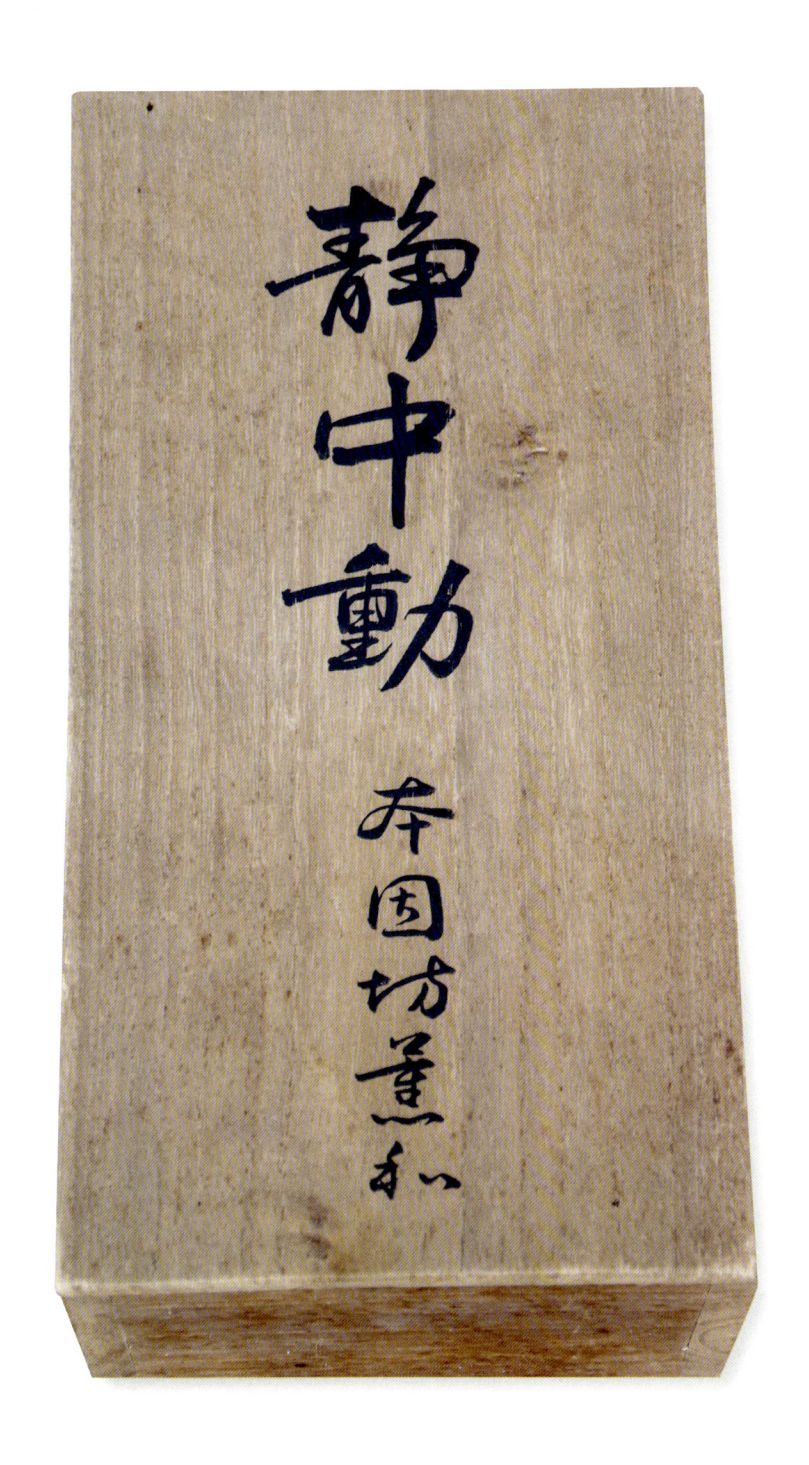

关于"静中动",宋著名诗人范成大有《睡起》诗云:

憨憨与世共儿嬉,兀兀从人笑我痴。闲里事忙晴晒药,静中机动夜争棋。心情诗卷无佳句,时节梅花有好枝。熟睡觉来何所欠,毡根香软饭流匙。

其中"静中机动夜争棋"句生动地描写出了弈者临局对弈的全神贯注的精神状态,弈者在分析判断局势,思考下一手的时候须高度入静,于静中悟机,知机,早在东汉时,黄宪便有《机论》曰:"夫弈以机胜,以不机败。""知机"乃弈者最高境界,而"机"之"动",须从"静"中来,也就是古人所说"神游局内,意在子先"的意思。

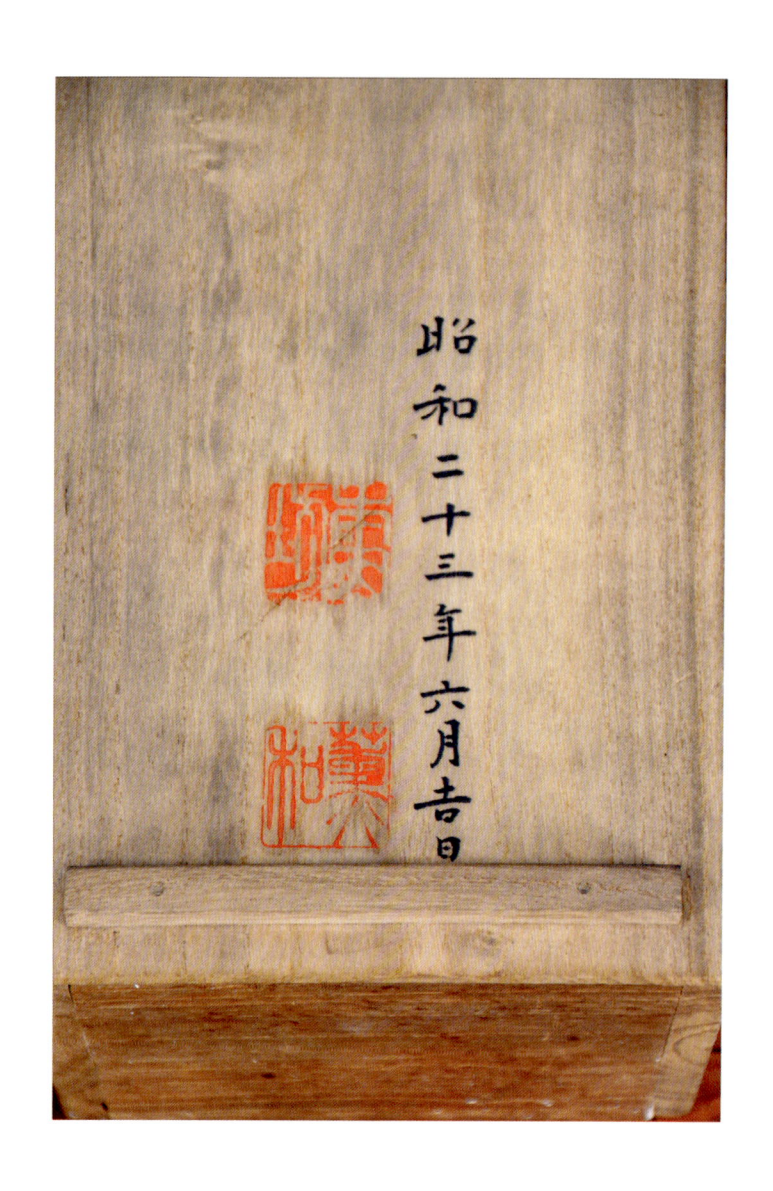

明人张琦也曾有《四皓》诗:

风里飞花未帖然,静中棋子动机权。
在山泉水青天色,流出人间不似前。

认为在弈棋过程中，机权之所动，只从静中来。

明末清初著名的思想家、哲学家王夫之在《思问录·外篇》中更把"静中动"提升到了哲学的思辨高度："方动即静，方静旋动；静即含动，动不舍静……待动之极而后静，待静之极而后动。"并进一步提出"静者静动，非不动也"的观点，强调静与动的辩证关系，认为静也是动的一种存在形式。

"静中动"也是对围棋的哲学定义。岩本先生所题"静中动"虽只三字，却大有深意。

箱内收贮德川型金莳绘棋笥，工艺精湛。内有日向小仓滨产白蛤碁石，黑那智石。

8. 本因坊秀格题"乐道"紫檀棋笥30号日向小仓滨雪印蛤碁石

关于高川先生，曾在前文《高川秀格题"松韵"盘》一文中有所介绍，现摘录如下：

提起高川格，虽然对中国棋友来说并不陌生，但其声名却远不能与吴清源泰斗、坂田荣男等相比，甚至还不如桥本宇太郎、藤泽秀行等人，其实高川格是名副其实的50年代日本棋坛霸主，1951年，日本棋坛发生一件大事，那就是第6期本因坊战中，代表东部日本棋院本部荣誉的坂田荣男挑战代表西部关西棋院荣誉的桥本宇太郎本因坊，坂田和桥本是当时日本棋界的两大天才，此战号称东西生死战，备受世人关注，最后以坂田败北告终。日本棋院本部遭此打击，士气空前低落，但就在翌年，高川格横空出世，在第7期本因坊战循环圈挑战者决定战加赛中击败坂田荣男，获得向本因坊桥本宇太郎挑战的资格，接下来的挑战赛中，高川格宇宙大爆发，将如日中天的本因坊昭宇——桥本宇太郎挑下神坛，雄踞本因坊宝座，达成本因坊9连霸，如此骄人的战绩，已是空前！

其间卫冕战战绩

1953年　4-2木谷实

1954年　4-2杉内雅男

1955年　4-0岛村利博（岛村俊宏岛村俊广）

1956年　4-2岛村利博

1957年　4-2藤泽朋斋

1958年　4-2杉内雅男

1959年　4-2木谷实

1960年　4-2藤泽秀行

直至1961年负于坂田荣男，整个50年代，高川格是当之无愧的围棋棋界日本第一人（其间虽十番棋败于吴清源大师，但严格地说，吴清源一直为客座棋士而非日本棋士）。

棋笥箱题字是另一种文化载体，在日本，自古以来，凡围棋大师，亦多为儒雅博学之士，无不对汉学有极深造诣，故常于棋盘盘底或盘覆，棋笥或其箱奁上题字，以抒胸臆或寄托抱负。

此件藏品题字在棋笥箱衾盖里面处，词为"乐道"，底书"昭和甲午中秋"，有"本因坊秀格"落款。昭和甲午中秋，即1954年中秋，其时恰逢高川先生在第九期本因坊战挑战赛中以4：2的比分战胜了杉内雅男，达成本因坊位三连霸，并按照惯例，正式更名"秀格"之际，其棋艺已臻成熟，正是如日中天，君临天下之时。而当此时，高川先生于棋笥箱上所题"乐道"二字，大有深意。

"乐道"最早见于《文子·上仁》"圣人安贫乐道,不以欲伤生,不以利累己"句。(《汉书·艺文志》道家类著录《文子》九篇,班固在其条文下注明:"老子弟子,与孔子同时。")又见于《后汉书·韦彪传》:"安贫乐道,恬于进趣,三辅诸儒莫不慕仰之。"安贫乐道早已成为人所熟知的成语,其意自明,虽儒道两家对于"道"的理解诠释多有不同,但对于安贫乐道的思想境界,却有一致的追求。无非是安于贫贱,坚守信仰,道心如一。而高川先生题字独取"乐道"而去"安贫",我想大概是因为高川先生当时正如日中天,早已脱贫,故不必"安贫","乐道"即可了。而高川先生之道,当是围棋之道,虽已达成本因坊三连霸,然"道"无止境,唯"乐道",方得"悟道",唯"悟道",或可"得道",正是高川先生"乐道"精神,促成了后来高川先生达成本因坊九连霸的伟业。

箱奁内紫檀棋笥收纳30号日向小仓滨产雪印蛤碁石,有茶色包浆,透光之下,纹理细腻,如梦如幻,令人心驰神往!此棋具当为高川先生自用之物。

9. 本因坊秀格题"游心"榉木棋笥38号玉化蛤碁石

此品棋笥箱内书"游心"署"本因坊秀格",箱内榉木棋笥内贮38老玉化蛤碁石。

"游心"语出《庄子·德充符》:"夫若然者,且不知耳目之所宜,而游心乎德之和。"

"不知耳目之所宜"即忘记或者说完全忽略声色耳目所感受到的外界影响，而"而游心乎德之和"；令心境处于一种平静，安详，乃或虚空的状态。也就是佛家所谓的"心游法界"，晋《华严经》三曰："游心法界如虚空，是人乃知佛境界。"

庄子《庚桑楚》篇中又说：

彻志之勃，解心之谬，去德之累，达道之塞。贵富显严名利六者，勃志也。容动色理气意六者，谬心也。恶欲喜怒哀乐六者，累德也。去就取与知能六者，塞道也。此四六者不荡，胸中则正，正则静，静则明，明则虚，虚则无为而无不为也。

"游心"可荡庄子所言之"四六"，便能做到正、静、明、虚，而达到"无为而无不为"之境界。

而弈者之于弈道，若能"游心弈理如虚空"，自然"是人乃知棋境界"，做到"精骛八极，心游万仞"，则"思接千载"，"视通万里"，"观古今于须臾，抚四海于一瞬。"亦即是"神游局内，意在子先"的围棋最高境界了。

10. 读卖赏吴（清源），藤泽（库之助）静冈对局纪念棋具　屋久杉杢木棋笥35号日向小仓滨雪印蛤碁石

本品为读卖赏吴（清源）、藤泽（库之助）静冈对局纪念棋具。

据吴清源大师回顾，以读卖新闻社主办的吴清源升降十番棋系列赛中，读卖新闻社给予最大宣传力度，并且财力投入最大的是吴清源对藤泽库之助（藤泽朋斋）升降十番棋，当时日本棋院仅有吴、藤泽两位九段棋士，十番大战，巅峰对决，此战颇有噱头，对此战曾冠以"世纪大对决"的宣传语。历次吴清源与对手十番大战，均在全国各地巡回出赛，此番吴、藤泽十番棋第四局赛场选在静冈，此前三局，吴清源大师以2：1领先，本局藤泽先生发挥神勇，使出浑身解数，终于执白完胜，并弈出名局，使当时的战局空前地白热化，这盘棋也是藤泽先生的杰作谱，被藤泽先生收录在后来日本棋院出版的《怒涛》藤泽朋斋名局选中。

第五章 鉴赏

本品为本局对局所用棋笥棋子。棋笥外箱内面书"吴藤泽两九段静冈对局纪念读卖赏"。屋久杉杢木棋笥有药香味逸出。

棋子为35号日向小仓滨雪印蛤碁石,有淡茶色包浆。

二、文化历史名棋具

1. 蜀江纹金莳绘棋笥日本玉棋石

本品为蜀江纹金莳绘棋笥，棋笥底部为梨子地金莳绘工艺，内盛37-38号日本玉棋子 白143枚黑157枚棋石。

蜀江是中国古代蜀地河流，蜀地物产丰富，自古被誉为"天府之国"，盛产丝绸，称"蜀江锦"，享誉天下。"蜀江锦"多由八边形和四边形组成，是为"蜀江纹"。后传入日本，日本现存最古老的寺院法隆寺中便有蜀江纹图案。

本品所绘纱绫形纹样，最早随蜀江锦出口日本。并在日本桃山时代开始广泛流行开来，出现在染织物与建筑物之装饰上。因其图案给人一种庄重、端正的感觉，所以被皇族以及武士阶层所钟爱。且此纱绫形图案有长长久久、绵延不绝、繁荣昌盛和长寿不衰之含义，迅速风靡于日本社会各阶层。

棋笥盖有圆钮扣形凸起装饰，是典型的德川型棋笥造型，底面梨子地金莳绘，豪华贵重，棋笥蜀江纹金莳绘，典雅大方，整件器物可见醇厚包浆，老气十足，带有明显的江户工艺特征。

棋笥内贮日本似玉非玉古棋石，略呈鸭蛋青色，不透明，莹润有亚光，年代感十足。有红漆松木箱收贮棋笥，箱面有字迹不辨。

2. 江户时期束颈烤蓝金钱纹金莳绘棋笥日本玉棋石

本品形制极为特殊，棋笥束颈造型，与前文介绍德川庆喜所用棋笥异曲同工，新颖奇特。而烤蓝漆地也与一般的金莳绘工艺大不相同，亚光沉稳，素雅端庄，绘金钱唐草钱纹图形，简洁明快，富贵吉祥，有细纹小疵，更增古朴。棋子与前同为极具特色的日本似玉非玉材质，泛鸭蛋青色，沧桑古朴。

江户古物流传至今者虽不在少数，但如此珍稀逸品并不多见。"大正八年"棋笥箱后配。

3. 伊东伯爵家金蒔绘棋笥玉化蛤碁石

本品为屋覆型总梨子地园林山水风景图金蒔绘棋笥，此种蒔绘图案流行于江户时期，为皇室、大名家、贵族所用，蒔绘金碧辉煌，带有鲜明的日本大和绘风格色彩。是一件不可多得的艺术珍品。

玉化蛤碁石晶莹剔透，温润如玉。配黑那智石。整套棋具包浆自然，虽经岁月沧桑，仍灿然如新，不减其瑰丽豪华的贵族气质。

棋笥有桐箱收佥，上书"金莳绘棋器""金莳绘棋局佥""伊东伯爵"。

伊东祐亨（1843—1914），初名金次郎，后改名四郎右卫门，又改名四郎，最后改为祐亨。自幼对海军感兴趣，在江川英龙学校学炮兵，后入胜海舟的神户海军操练所与坂本龙马、陆奥宗光共同学航海。萨英战争时从军。参加过戊辰战争。

伊东祐亨是著名的军事家，日本海军元帅，伯爵。甲午战争时以海军中将衔任联合舰队司令官，战后封子爵，升海军军令部长。日俄战争时任大本营海军幕僚长，后受封为伯爵。获海军元帅称号。明治初年加入海军，曾任"浪速舰"、常备小舰队司令、海军军令部第一局局长兼海军大学校长。获一级金鸱勋章。祖先为饫肥藩主伊东氏。家徽庵木瓜。父亲伊东佑典，萨摩藩藩士。

4. 红漆地屋覆型园林山水风景图金莳绘棋笥

　　与前品大同小异，同为屋覆型园林山水风景图金莳绘棋笥，只不过本品为红漆地。所绘图案风格与前品异曲同工，豪华贵气，也是江户时期大名家传世之作。

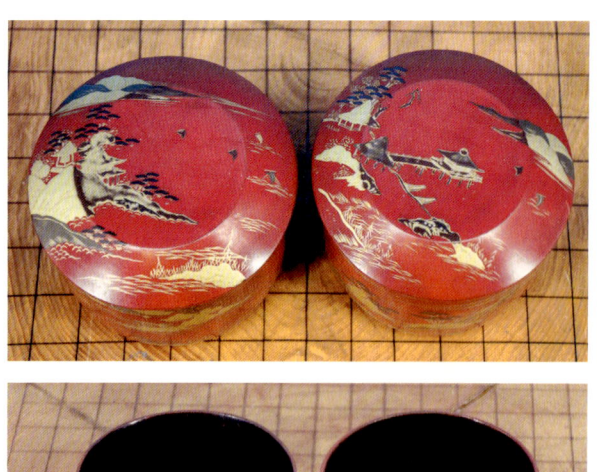

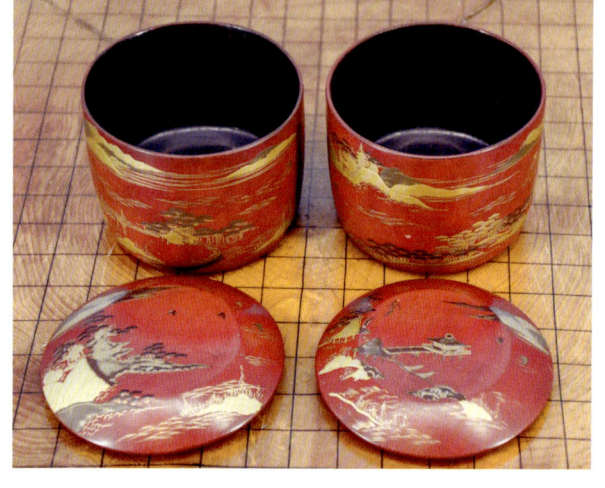

内盒32号玉化蛤碁石，晶莹剔透，温润如玉。

5. 本因坊型家徽唐草纹金莳绘棋笥玉化蛤碁石

此品为幕末时期本因坊型家徽唐草图金莳绘棋笥，构图精巧，虽老气十足，却未有脱漆，可见其制作工艺之精湛。

关于菊纹、五七桐纹、鹰羽纹家徽在前文棋盘部分已有介绍，此不赘述。

| 第五章 鉴赏

配手工制玉化蛤碁石。

6. 德川型金莳绘丰臣家徽棋笥玉化蛤碁石

本品为德川型金莳绘丰臣家徽棋笥。

作为皇室家纹副纹的桐纹至今仍在日本政府机构中使用，象征着至高无上的权威，这在前文棋盘部分"四家徽盘"一节已有介绍。此品金莳绘工艺精湛，绘蜀江纹图案并五七桐丰田家徽，繁而不乱，高端大气。

此品流传至今，灿然如新，可见其原主人对其珍爱程度。

配有手工制作玉化蛤碁石。

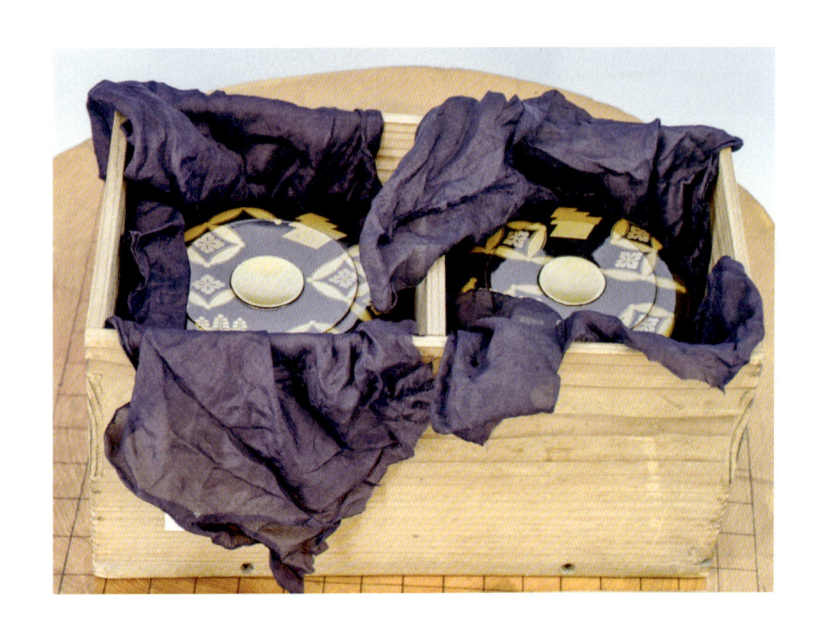

7. 御纹散德川型金莳绘家徽棋笥玉化蛤碁石

此件藏品以总梨子地金莳绘工艺荟萃了十数种日本家纹图案，工艺精湛，构思奇巧，所绘家徽繁多，如对此一一介绍，须专题撰文，限于篇幅，在此略去，读者若对日本家纹文化有兴趣，可自行对照研究。

本品为德川型棋笥，黑漆外箱有金彩"御纹散棋笥"字样，此棋笥当是江户某大名家所有，流传至今，品相完好，不可多得。配有25号玉化蛤碁石，白170枚，那智黑石169枚。

第五章 鉴 赏

8. 游龙纹棋笥镰仓海岸薄子

此件藏品的漆绘工艺并不复杂，却极具特色，棋笥盖绘有游龙隐现，动感十足。

日本龙文化始传于中国，汉时传入日本，带有浓厚的大陆文化痕迹。此器为本因坊型棋笥，深紫色漆涂地，游龙颜色略浅，整个基调与中国在兴隆洼文化查海遗址发现的8000年前用红褐色石块堆砌的龙相仿佛。

棋笥整体古色古香，虽有少许脱漆，但脱漆处也已形成包浆，与整器浑然一体，更增古朴。配有古镰仓海岸雪印蛤碁石，有特殊的紫色斑纹包浆（曾见有商家称此为紫贝，其实是镰仓海岸某一类古蛤碁石经过时间的洗礼，氧化形成的一种特殊颜色包浆，虽弥足珍贵，但绝非商家所宣传的所谓"紫贝"）。

| 弈藏天下：围棋棋具文化经典收藏 | 美轮美奂之棋笥棋子卷（第二卷）

9. 源氏家纹棋笥镰仓海岸薄子

因为源赖朝在镰仓创立幕府，镰仓市遂将龙胆纹作为市章，因龙胆叶酷似竹叶，故又名笹龙胆纹，为源氏家纹世代相传。

龙胆在平安时代就受到女性的喜爱，《源氏物语·枕草子》中就有关于它的描述。龙胆是一个非常漂亮植物，而其纹理乍一看一个六边形中有一个星星，也是非常的美。其花语是：爱着悲伤着的你。

龙胆，多年生草本，高30-60厘米。根茎平卧或直立，短缩或长达5厘米，具多数粗壮、略肉质的须根。花枝单生，直立，黄绿色或紫红色，中空，近圆形，具条棱，棱上具乳突，稀光滑。

龙胆每逢秋后，开放紫花，样子摇曳可爱。有人将其花叶画出，称为龙胆纹。平安时代，贵族常用龙胆纹的样式编织、刺绣衣服纹样。龙胆草源于中国，其根苦，味似龙胆，传言人若煎服便可增加魅力，成为领袖人物，故老相传有行者役小角于二荒山（日光山）偶遇一兔子吃下一株雪地中挖出的小草，于是仿而效之，经常服用，渐渐拥有超能力。日本平安时代末期至镰仓时代的著名政治家。镰仓幕府首任征夷大将军，日本幕府制度的建立者源赖朝之母是役小角的信奉者，对龙胆之神奇深信不疑，致使源赖朝与龙胆渊源颇深。

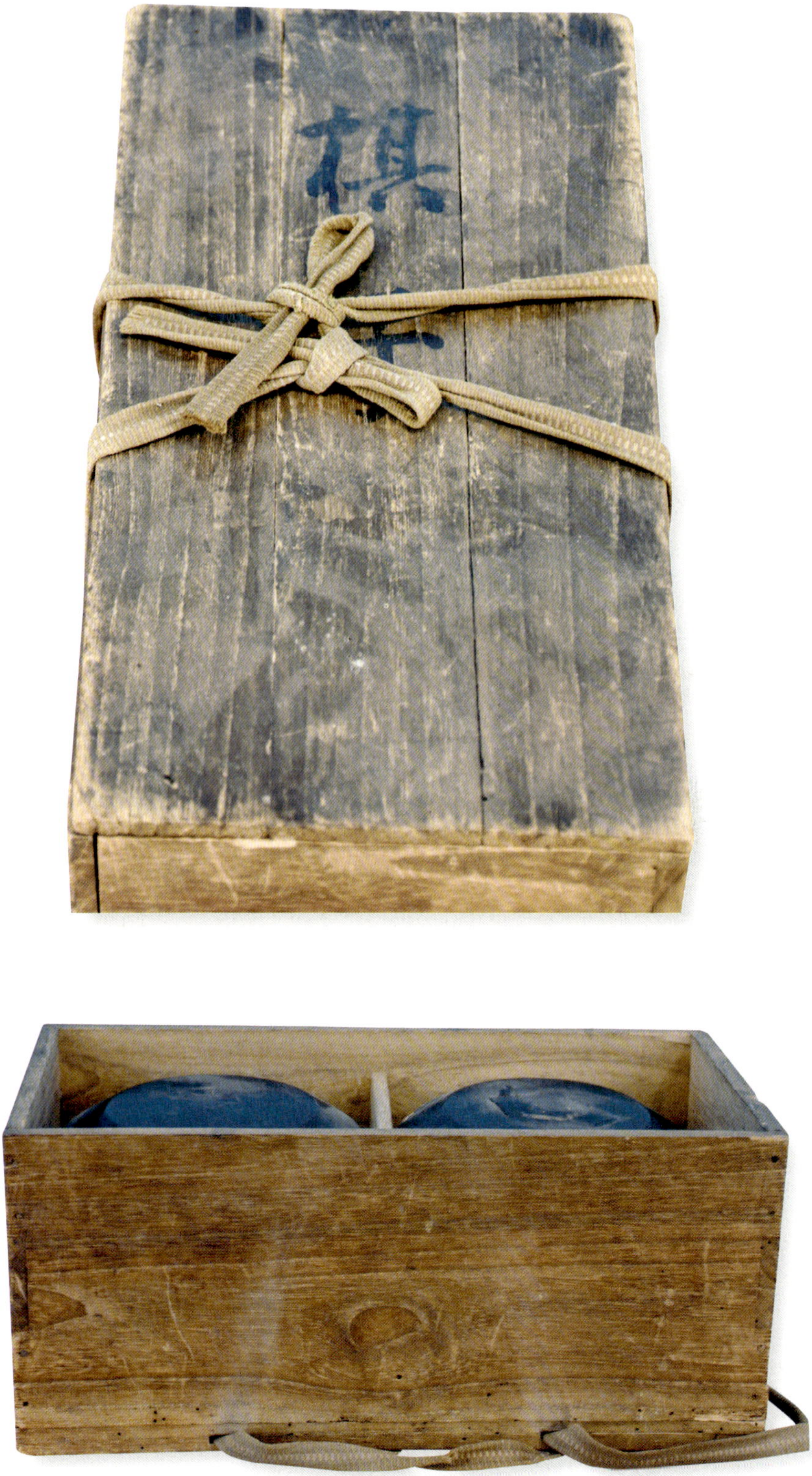
棋

10. 金莳绘唐草扇纹棋笥39-41号玉化蛤碁石

扇纹是日本家纹中的常见纹饰，日本历史上的扇纹主要是折扇纹，使用较多的是五骨扇与七骨扇，也有九骨扇。

在日本古代，扇子被认为是神所持之物，人们认为扇子可附神灵，可保护自己在战场上免受伤害并取得战斗的最后胜利。于是武将们将扇子插在大旗上，并出现了作为指挥之用的作战用扇。后来有人将折扇印制在旗帜上以祈求神佑，这种旗纹渐渐演化成了扇纹纹徽。扇纹图案多种多样，有如古田家家纹只有扇面，叫作地纸纹，而佐竹家仅有扇骨，叫作扇骨纹，扇面扇骨俱全的徽纹称为扇纹。

佐竹氏是第一个使用扇纹的家族。据《佐竹系图》介绍，源赖朝征伐奥羽时，佐竹氏与赖朝的旗帜同为纯白无纹，于是佐竹氏就被授予了五本骨月丸扇作为家纹。

本品为江户时期金莳绘金彩唐草扇纹家徽棋笥，工艺精湛，虽历尽沧桑，仍灿然如新。内敛39~41号玉化蛤碁石，晶莹玉润，并附那智黑石一副。棋笥有古制式桐箱收敛。

11. 江野楳雪绘乌鹭棋笥

江野楳雪文化九年（1812年）出生于比企郡松山町。为谷物商江野家第8代文五郎次子，名龟次郎。为狩野派代表画家之一。其画作题材广泛，涉猎颇多，凡佛画、花鸟画、肖像人物画、祭礼画等皆所擅长。生平活动以东松山、川越为中心，直至八王子、群马等地也颇具影响。1873年（明治六年），在横滨去世。

围棋别名乌鹭，本品是楳雪专为棋笥所绘乌鹭争飞图，再由能工巧匠刻绘于棋笥，一对棋笥，一刻绘白鹭，一刻绘黑乌，以分别盛敛黑白子。

日本棋笥虽不乏乌鹭为题材的金莳绘作品，但此品名画名工，相得益彰，堪称绝品，是可遇而不可求的艺术珍品。

有棋笥箱收纳，箱面墨书"鸦鹭窟"。

笔者还藏有一对楳雪所绘乌鹭图金莳绘棋笥，画作生动，构图精巧，金莳绘工艺精湛，可惜由于北京气候的原因，保管失当，略有脱漆。

三、纪年棋具

1. 文化五年（1808年）屋敷型漆绘棋笥三河白雪印蛤碁石薄子

在我国，文玩古董行一般认定某件物品是否属于古玩，以中华人民共和国成立前后划分，民国以前有文玩欣赏价值的物件可称之为古玩，而日本一般以战前战后（1945年）划分，即昭和前期以前的物件方能称之为古玩。

本品为文化五年棋笥棋子。

箱盖书"棋石箱",内面书"戊辰文化五年正月吉日"。

文化五年为1808年,清嘉庆十三年,距今已有200多年历史。棋笥为屋敷型,擦黑漆,棋笥盖绘有五枚简单几何图案,不事奢华,典雅大方,体现了江户中后期棋笥制作工艺的简约风格。棋子为三河白雪印蛤碁石薄子,印文细密,光照之下,如梦如幻,有茶色包浆。

白178枚，黑那智石157枚。

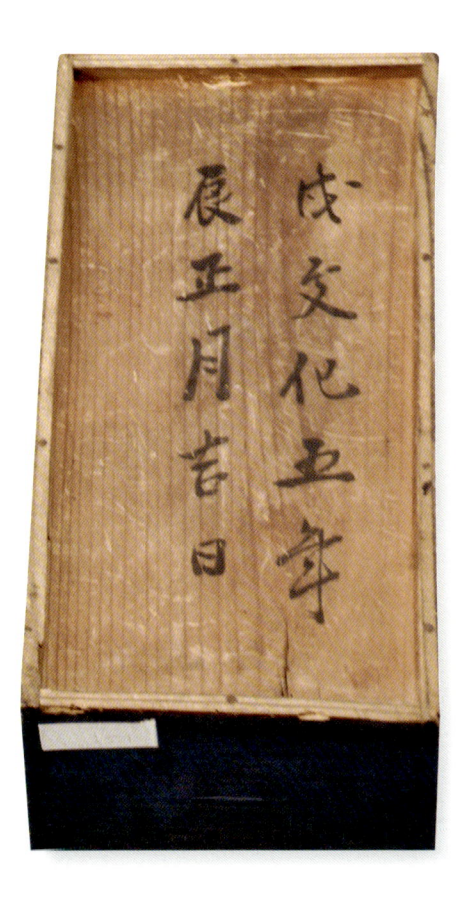

2. 文化十二年（1815年）涂漆棋笥三河白28号雪印蛤碁石

同前品，本品外箱插盖书"棋石　高桥吉得"，背面书"文化十二乙未夏于浪华吉得求之"字，内衾屋敷型黑红相间漆涂棋笥，工艺精湛，虽经200多年岁月洗礼，至今无脱漆，光可鉴人，鲜亮如昨。

棋子为三河白28号，雪印蛤碁石，包浆自然，白180，黑180枚。

3. 天保元年（1830年）林氏德川型棋笥镰仓海岸蛤子

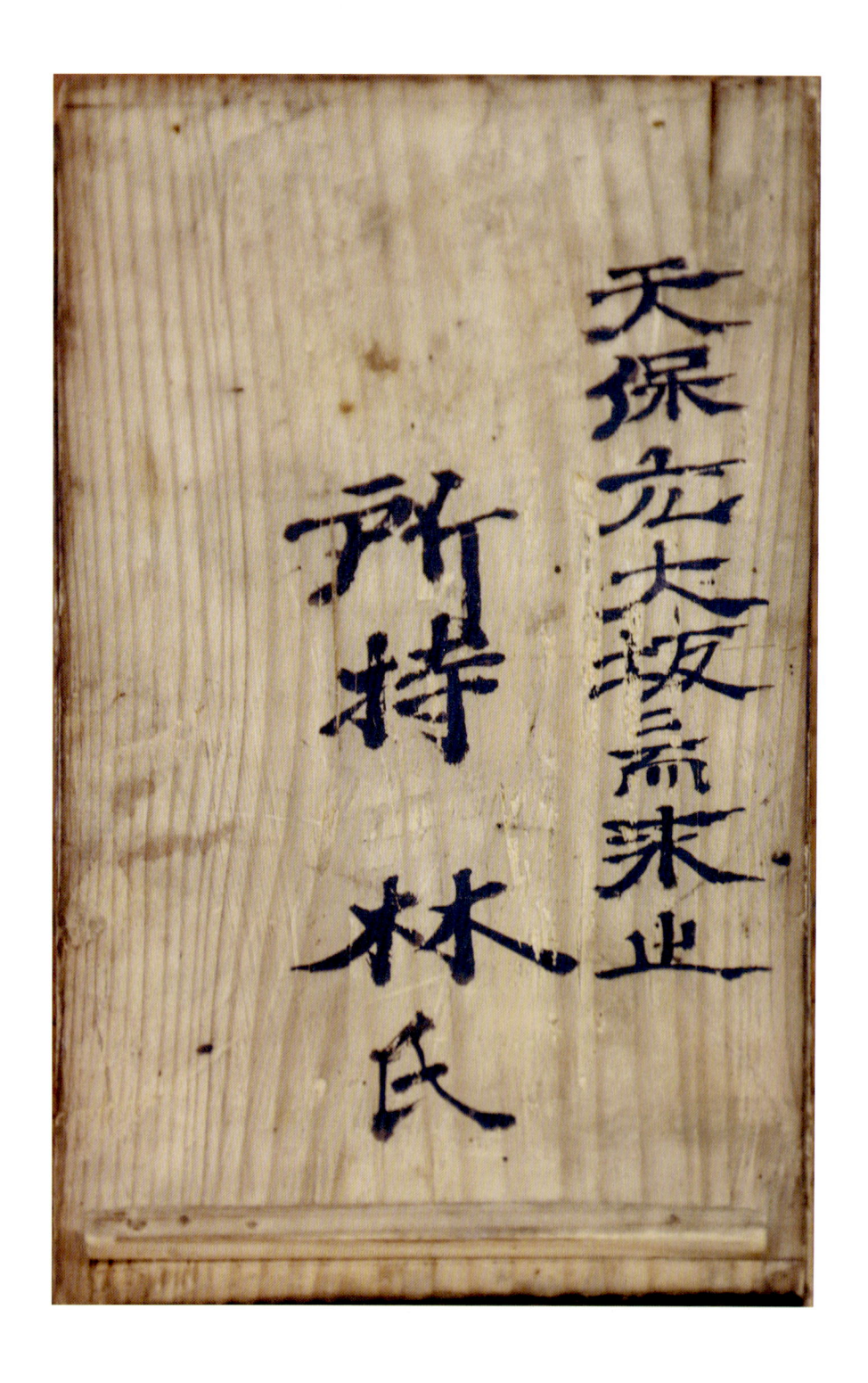

本品桐箱盖书"黑白壹面棋石匡林徃永"，内面书"天保元大坂斋求之所持林氏"，两行各以隶、楷体书，颇见功力。

德川型漆涂棋笥，包浆厚重，略见斑驳，古色古香。内衾镰仓海岸蛤碁石薄子，茶色包浆见证了岁月的沧桑。

天保元年（1830年）距今已近200年，此品流传至今，棋笥未损，棋子未有多缺，亦不可多得。

4. 万延元年（1860年）立石教美素梨地金莳绘棋笥三河白雪印蛤碁石

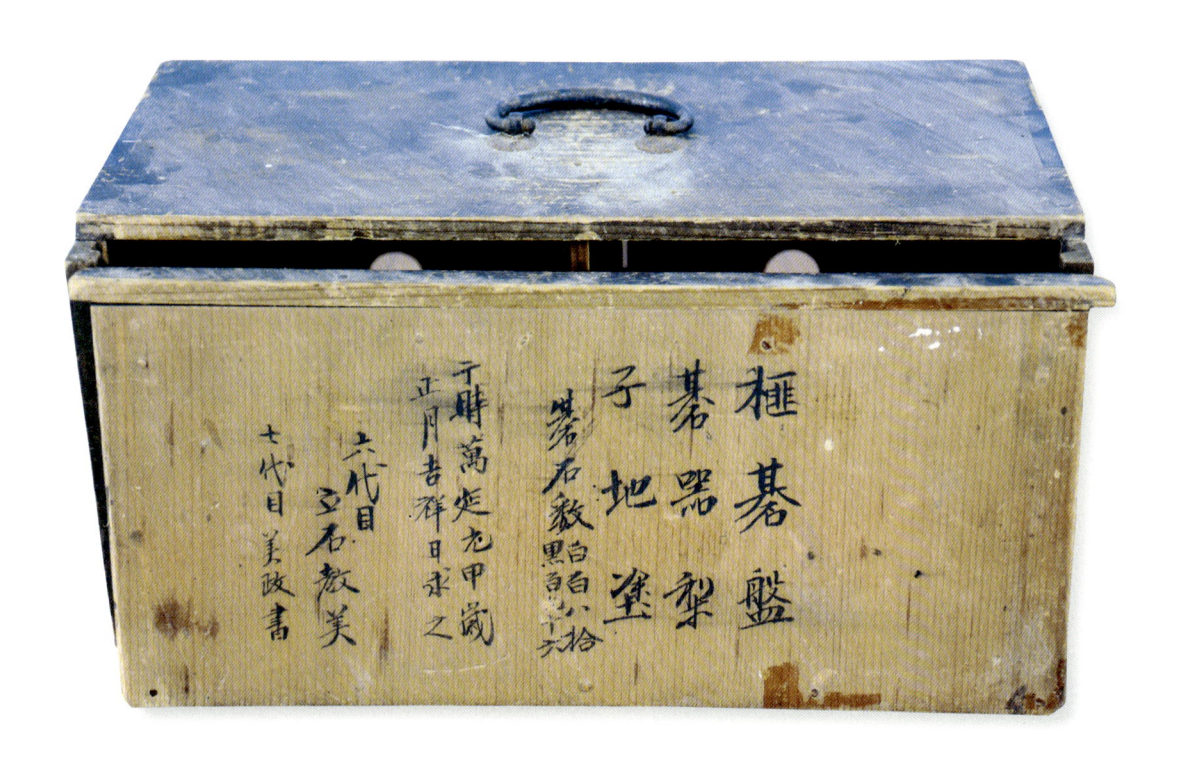

本品桐箱内书有"榧棋盘棋器梨子地涂棋石数白百八十　黑百八十六""于时万延元甲岁正月吉祥日求之""六代目　立石教美　七代目　美政书"。

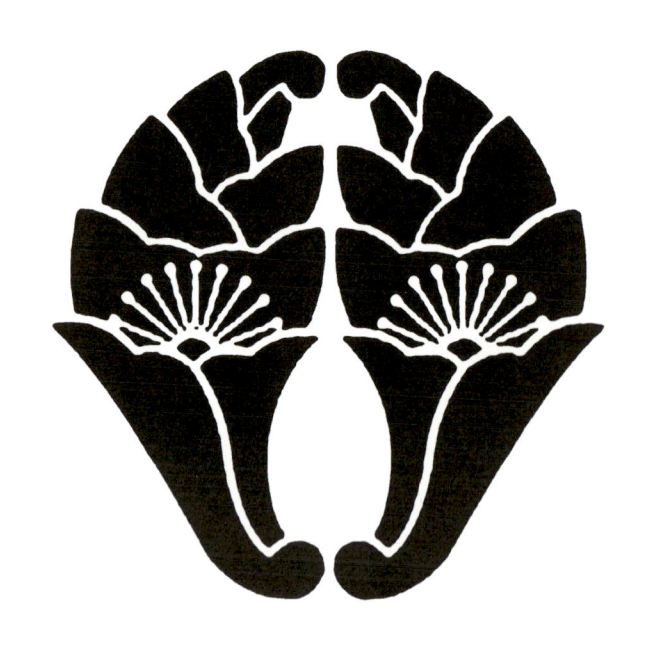

史载美作立石氏第一代为漆间立石。

立石家本姓漆岛，为宇佐八幡宫之世袭权大宫司家后裔。后漆岛元邦封户郡立石，后人遂称之为立石氏，于延喜年间至美作国。

立石家徽为抱杏叶图案（漆间氏后裔）。

本品应为日本美作国立石氏第六代家主立石教美与第七代家主立石美政所用之物。万延元年（1860年）距今已160年，屋敷型素梨地金莳绘棋笥包浆灿然，柔光润泽，全无脱漆，十分难得，可见幕末金莳绘工艺之精湛。内贮28号老镰仓海岸雪印薄子，印文清晰细密，如梦如幻，整套棋具蕴藏了丰富的历史文化信息，极具收藏价值。

5. 江户时期老本因坊型棋笥镰仓海岸雪印蛤碁石

　　江户时期本因坊型棋笥与近现代本因坊型棋笥略有不同，腹部收束没有现在这么夸张，棋笥盖也较现代圆润，整器厚重庄严古朴。本品漆涂颇具特色，暗红底色杂以少量不规则黑斑，浑然天成。

古雪印薄子有浅茶色包浆，见证了岁月的痕迹。

6. 光绪官窑仿大明矾红缠枝花卉棋罐

一些研究古瓷器的学者认为，光绪年间所产瓷器，较之嘉、道、咸之瓷器，之所以能够令人耳目一新，刮目相看，只不过是封建社会回光返照在艺术上的反映，其实并不尽然。1840年，大清帝国在英国船坚炮利的攻击下，被迫打开对外开放的大门。洋人不断进入国内，大量购买中国瓷器，造成瓷器需求量上升。这才是光绪瓷器得以繁荣的一个重要因素。随着洋货入华，西风东渐，有关西洋体裁的作品，也自然而然不断出现在"中国制造"的瓷器上。至光绪年间，不仅"洋风"仍吹，同时新学诞生。此际大清的单一文化，已渐渐融入多元文化。所有这一切无不对瓷器艺人的思想及创作产生重大影响。这时瓷器中也不断出现外国人生活的场景，"洋味"十足。同时仿古瓷器也大量出现，如仿宋五大官窑瓷器，其中不乏技法高超，几可乱真的精美之作。无论是青花、粉彩瓷，无不造型生动、胎体坚硬、釉色温润、韵味十足。

本件藏品为光绪官窑仿大明矾红缠枝花卉棋罐，圆腹，瘦底，弧盖，圈足，器形稳重端正，釉汁平和，釉面莹润，釉色光洁，白中泛青，胎釉结合紧密。

足底露胎，胎体细腻，曲线圆润柔美。绘矾红满绘缠枝花卉纹，布局疏朗有致，繁而不乱，绘事工整，整器造型端庄典雅，笔触生动细腻，笔法游刃有余，尽显吉祥如意之寓意。底有矾红"光绪年制"楷书四字双圈款。

光绪官窑款识楷、篆并用，以楷款为多，署"大清光绪年制"六字二行或三行款，也有"光绪年制"四字两行款，多数不饰圈框，也有饰双框者。

7. 明治三十六年（1903）唐草万字纹岛桑棋笥三分五厘　砗磲白玉化蛤碁石

本品红漆外箱底部书"明治三十六年卯九月吉日"，并有"名古屋市绘具染料商水野久七　针屋町壹丁目"椭圆印章。

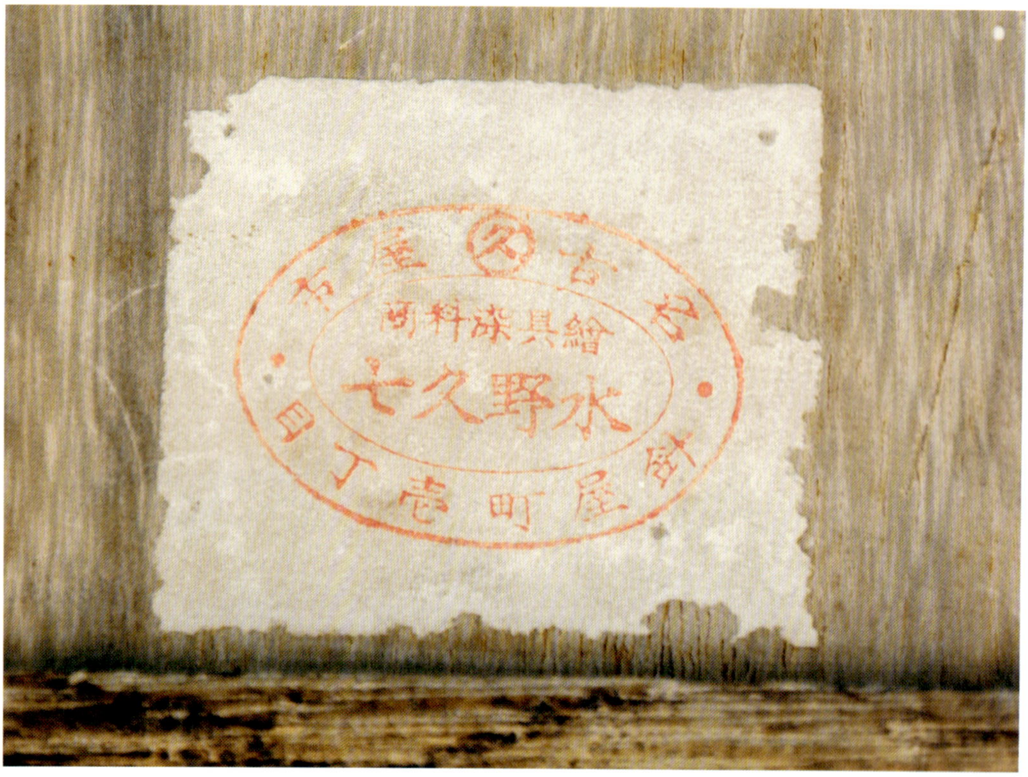
名古屋市
繪具染料商
水野久七

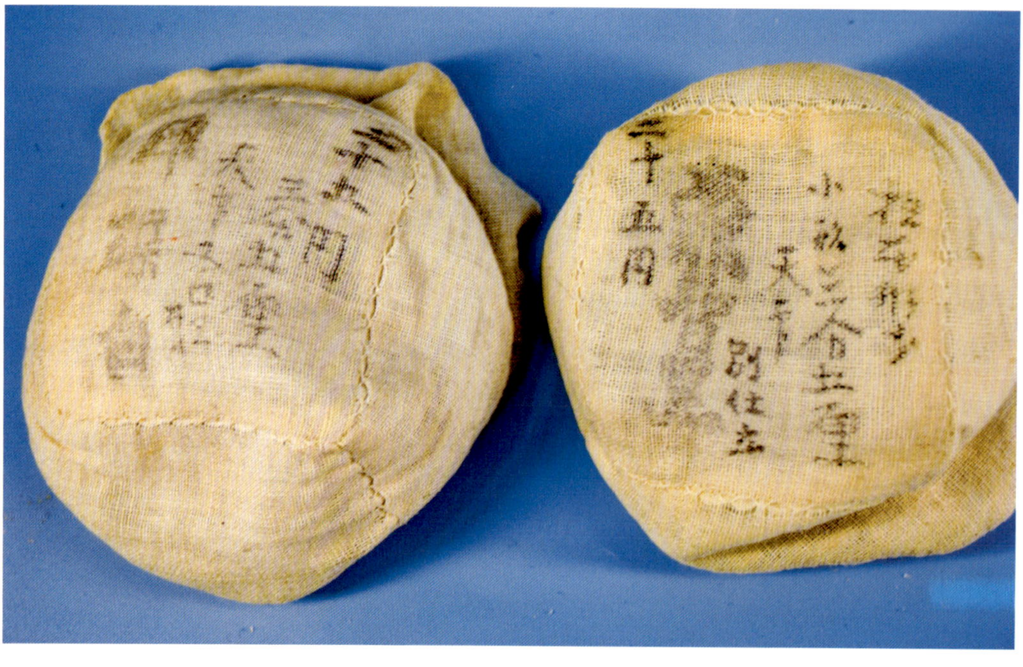

箱内收贮金银彩绘唐草万字纹岛桑棋筒，高贵典雅。
蛤碁石布袋印有"三分五厘　砗磲白"字样。

所谓砗磲白就是玉化蛤碁石，如珠如玉，泛珍珠光泽，包浆莹润。

8. 大正二年（1913）本因坊型棋笥镰仓海岸雪印簿子

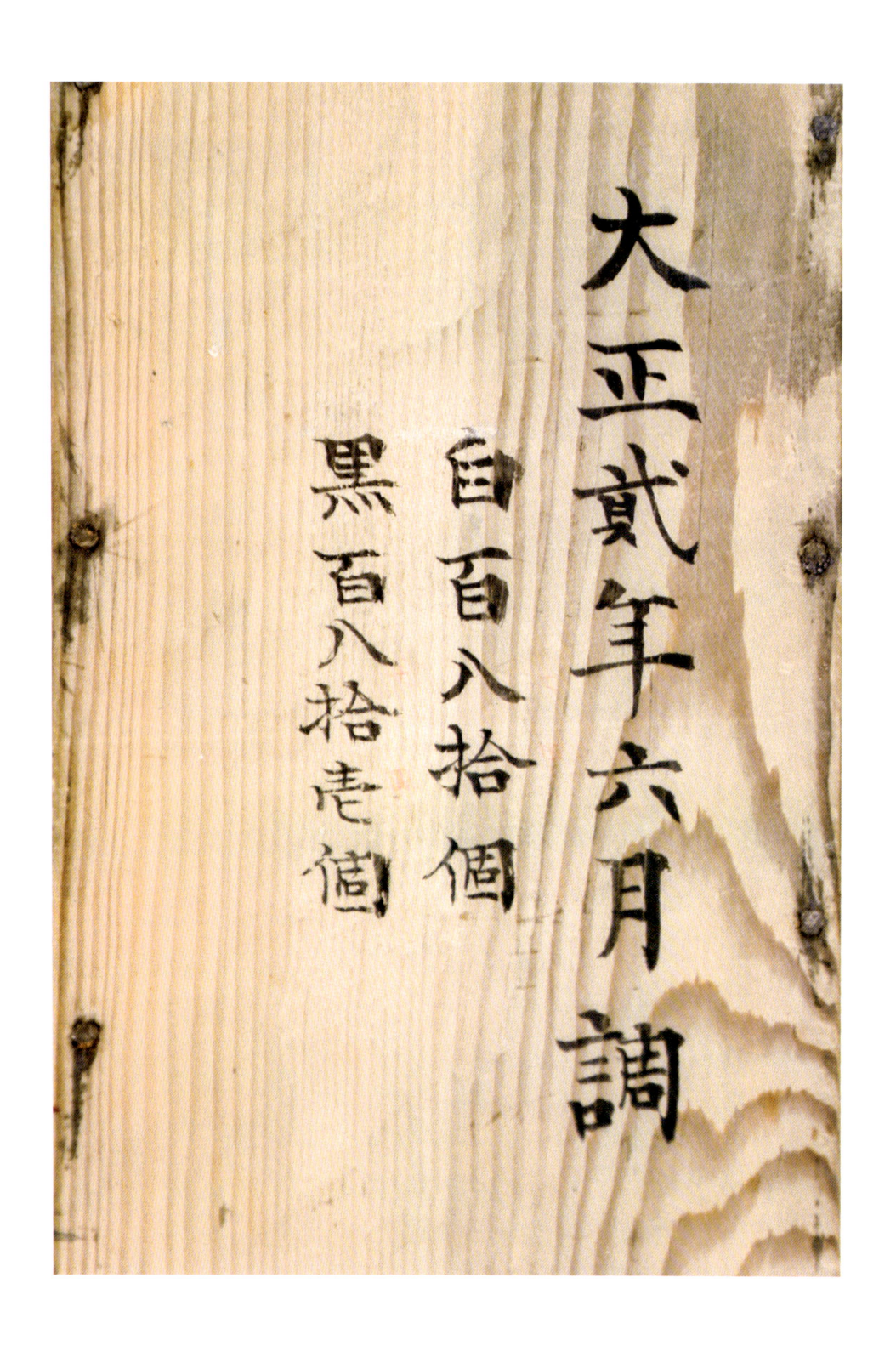

本品为大正二年（1913年）本因坊型棋笥，棋笥箱盖内面有"大正二年六月调　白白八拾个　黑百八十拾壹个"记录。

棋笥取材为板木目取。

白镰仓海岸古雪印薄子，有浅茶色包浆。

第五章　鉴　赏

9. 大正四年（1915）加藤吉隆桑束颈棋笥玉化蛤碁石

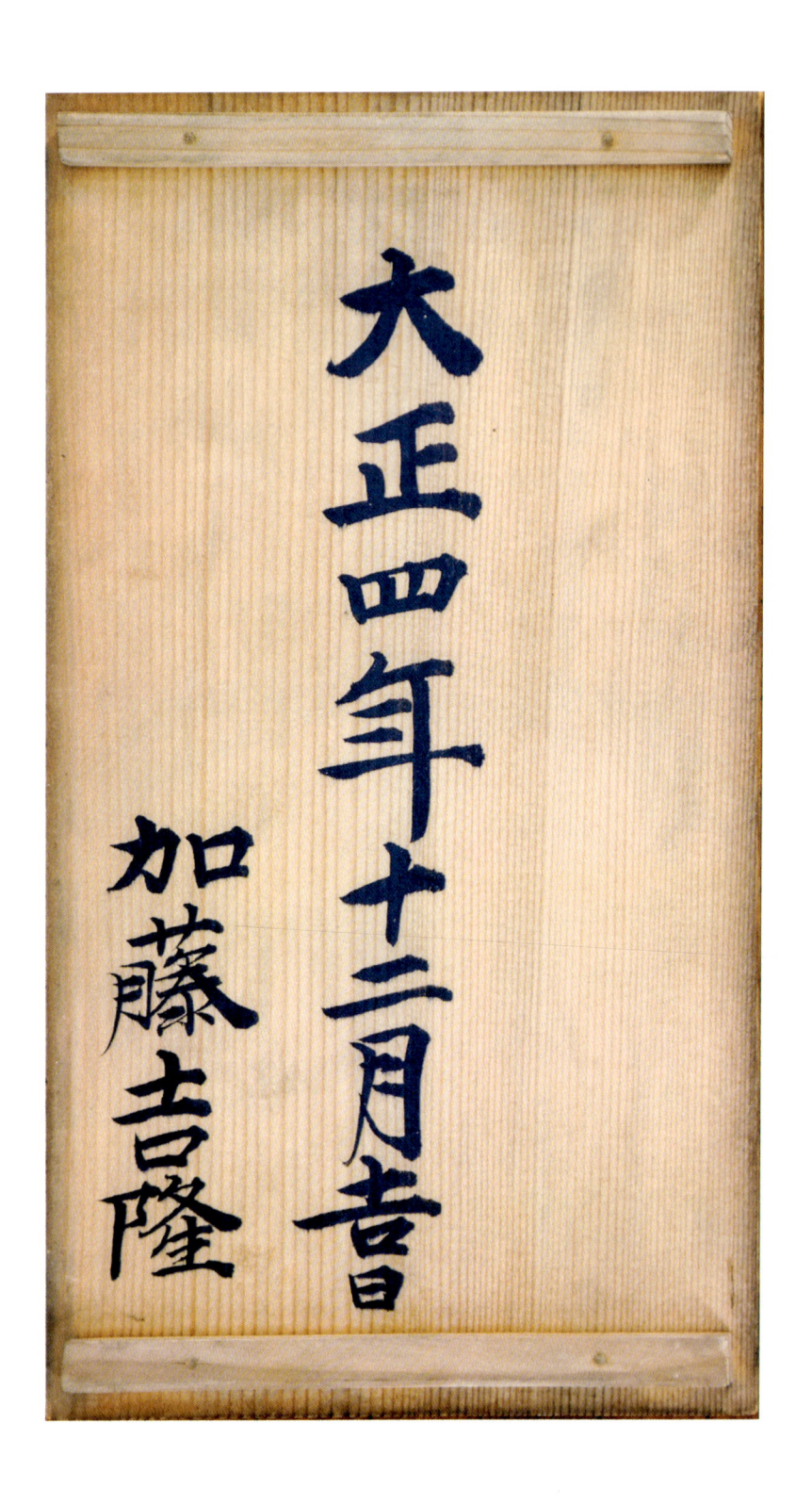

此为大正四年（1915年）作品，是一位叫作加藤吉隆的人所收。棋笥外箱盖内面书"大正四年十二月吉日　加藤吉隆"。

棋笥盖内面更有详细记录"白石百八十个　黑石百八十一个　大正四年十二月吉日　加藤吉隆所有"。

棋笥为桑束颈棋笥，造型别致。内盛玉化蛤碁石。

10. 昭和十年（1935年）花林棋笥　小仓滨雪印蛤碁石

本品外箱内面记有"昭和十年六月三月求之"并记有人名，抹去。

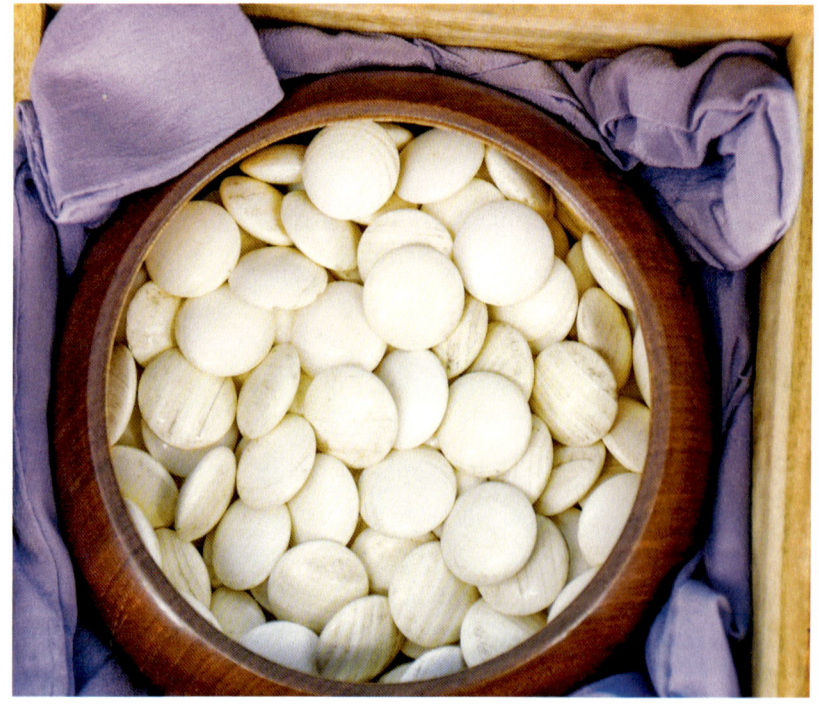

花林棋笥已形成包浆，呈暗紫色，沉稳庄重，更增质感。日向小仓滨32号雪印蛤碁石纹印致密。

| 第五章 鉴 赏

11. 昭和二十二年（1947）桑棋笥小仓滨雪印蛤碁石

　　同前品，此品昭和前期日向小仓滨蛤碁石。棋笥外箱盖内面书"昭和贰拾贰年秋日之新调富重　柔和质直刚健"。

31号白蛤碁石文印细腻。

四、玉化蛤碁石（小砗磲）

1. 特大45号玉化蛤碁石安井平型桑棋笥

本品为江户时期手工制作45号算盘珠型玉化蛤碁石，前文说过，玉化蛤碁石是深埋地下上千年的小砗磲磨制而成，自然死亡的砗磲深埋海底数千上万年，已经石化玉化，后经地壳变动露出地面，被人发现。真正的砗磲甚至在大约五千米处的喜马拉雅山腰曾被发现的，而非在南海捕捞的。砗磲的成分大致与天然珍珠相同，由于年代久远，有的棋子会有黄色斑驳，似星光点缀。本品有玉润质感，泛珍珠光泽，有的棋子有极细密印文，晶莹剔透，有别于小仓滨蛤碁石。

特别需要说明的是，现在市场上有砗磲生料加工成各种制品出售，其实与真正的意义上的砗磲有天壤之别，最简单的区别方法就是看砗磲制品的玉化程度，生料砗磲制品表面缺乏珍珠光泽，其光涩而燥，俗称贼亮，而真正的砗磲表面润泽有珍珠感觉，润而不燥。

超特大安井平型桑棋笥沉稳大气，棋笥棋子相得益彰，尽显低调的奢华之美。

2. 特大45号特大蛤碁石安井铃型小笠原桑棋笥

　　与前品相同，本品也是45号玉化蛤碁石，同样为江户时期手工制作，晶莹玉润，包浆灿然，超特大安井铃型小笠原桑棋笥乌黑油亮，古朴厚重。

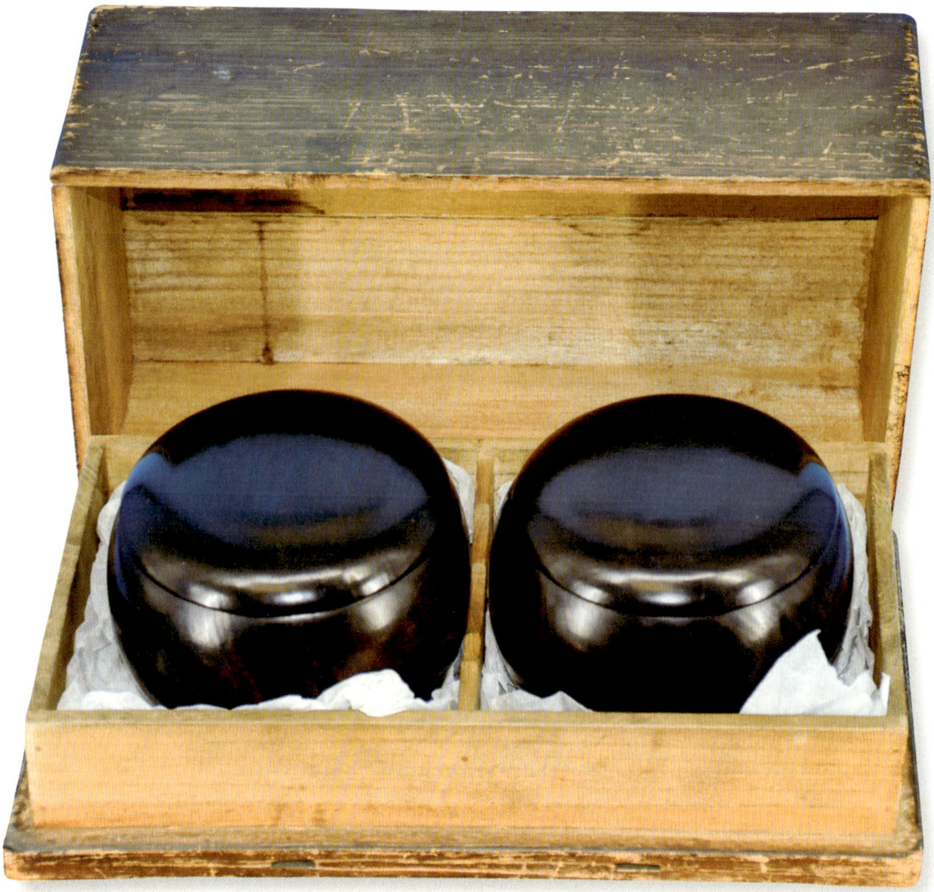

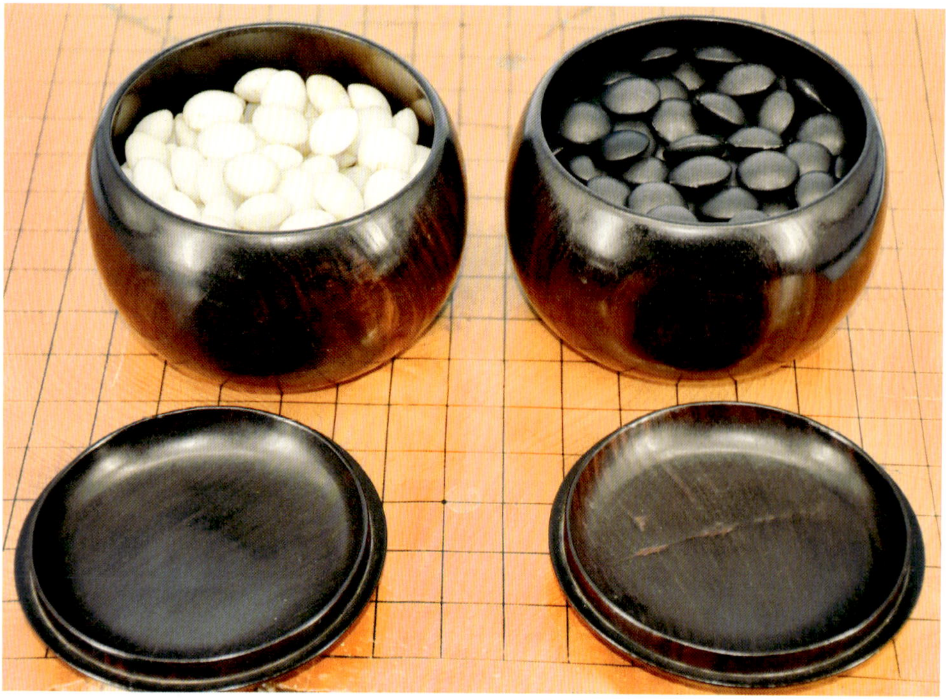

3. 特大42-45号玉化蛤碁石高桩柿型桑棋笥

本品型较前两副稍有不同,棋子型号42-45号混杂。

高桩柿型桑棋笥高端大气。

| 第五章 鉴 赏

4. 特大40号玉化蛤碁石黑檀虎皮斑棋笥

本品为40号玉化蛤碁石，棋子晶莹剔透，玉润光华，有珍珠质感，品质及高，白180枚黑174枚。

棋笥外箱内外面均书"棋石　铃森好之亟"。

值得一提的是，棋笥为罕见的虎皮斑黑檀棋笥，黑檀棋笥并不少见，但具有特色斑纹的黑檀棋笥就比较少见了，而如此品满虎皮斑纹的黑檀棋笥就是世所罕见了。仅此棋笥就是难得的珍品，如此高档的玉化蛤碁石尤为难得，棋笥棋石相得益彰，大放异彩。

| 第五章　鉴　赏

5. 38号玉化蛤碁石岛桑根杢棋笥

本品为岛桑根杢棋笥，38号玉化蛤碁石白175，黑172。

如果说前文几副特大号玉化蛤碁石重在赏玩，则38号玉化蛤碁石已经兼有赏玩和实用功能。本品品相极佳，也是不可多得的精品，略有遗憾的是白175子，缺五子。黑那智石172子可补。

特别要说一说收盒此品的岛桑根杢棋笥。

前文说过，岛桑棋笥为棋笥中的极品，有金色和深色的闪光魅力，硬度适当，品位卓绝。岛桑，在日本木材中的地位至高无上，可与我国黄花梨媲美，众所周知，黄花梨奉海南黄花梨为正宗，俗称"海黄"。而岛桑则奉御藏岛桑为最，俗称黄金桑。一对御藏岛桑棋笥甚至超过一块日式足趺本榧棋盘。绝少有岛桑作棋盘是因为绝少足够斫制棋盘的岛桑大料。

岛桑木质细腻，光彩夺目，其所特有闪闪发光的黄金色泽更是其他材质所不能比拟的。日本古时有专门制作以桑为原料的工匠，他们有一个专门的名字叫"桑物师"。岛桑制品在过去是皇家、贵族、武士等的最爱。据说至今日本天皇的"专列"，木材装饰所用木料就非岛桑莫属，可见岛桑身份之贵重。

岛桑棋笥，尤其是御藏岛桑之所以贵重，是因为岛桑材非但愈久弥坚，且其色泽也随岁月迁延而愈来愈漂亮，并变幻出神秘的色彩。所以日本将岛桑棋笥称为"棋笥之王"。

如果说岛桑棋笥是"棋笥之王"则岛桑根杢棋笥就是"王中之王"了。

本品黄金斑纹中蕴有黑筋，杢纹似云雾缭绕，深沉含蓄，如梦如幻。

第五章 鉴 赏

6. 37号玉化蛤碁石铁刀木棋笥

本品为铁刀木棋笥37号玉化蛤碁石。

棋子品质极佳,晶莹玉润,且多有如小仓滨雪印蛤碁石一样的细密印文,堪称绝品。

棋筒为铁刀木。前文说过，铁刀木木材坚硬致密，耐水湿，不受虫蠹，以其以材质坚硬、刀斧难入而得名，在国标红木之列，称鸡翅木，老树材黑色，纹理状如鸡翅，极为绚丽，是制作高档家具的高档木材。本品包浆灿然，是难得的精品。

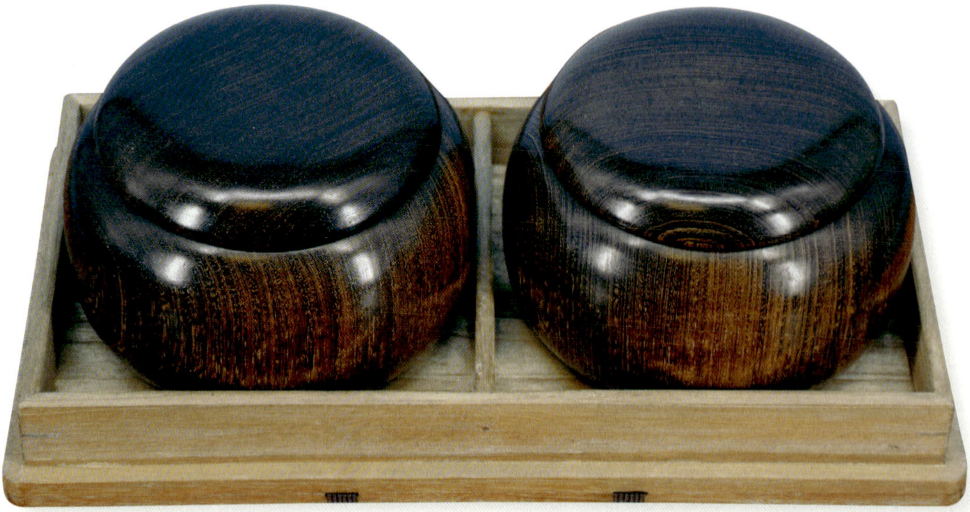

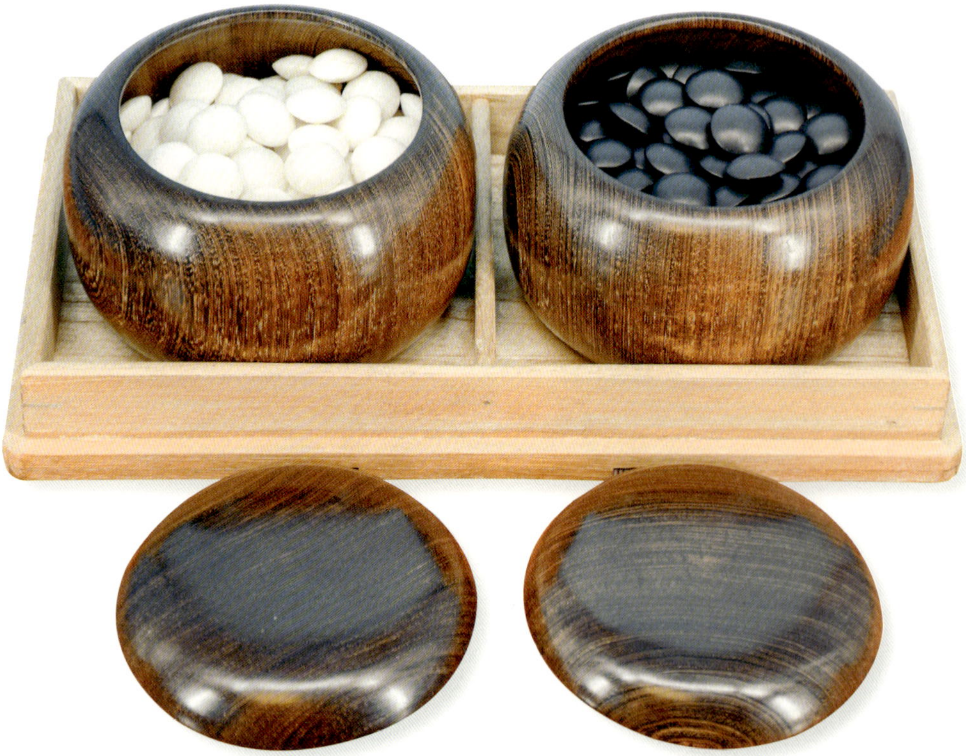

7. 屋久杉材收纳箱屋敷型漆涂棋笥玉化蛤碁石

本品为34号玉化蛤碁石，白180枚，黑177枚。

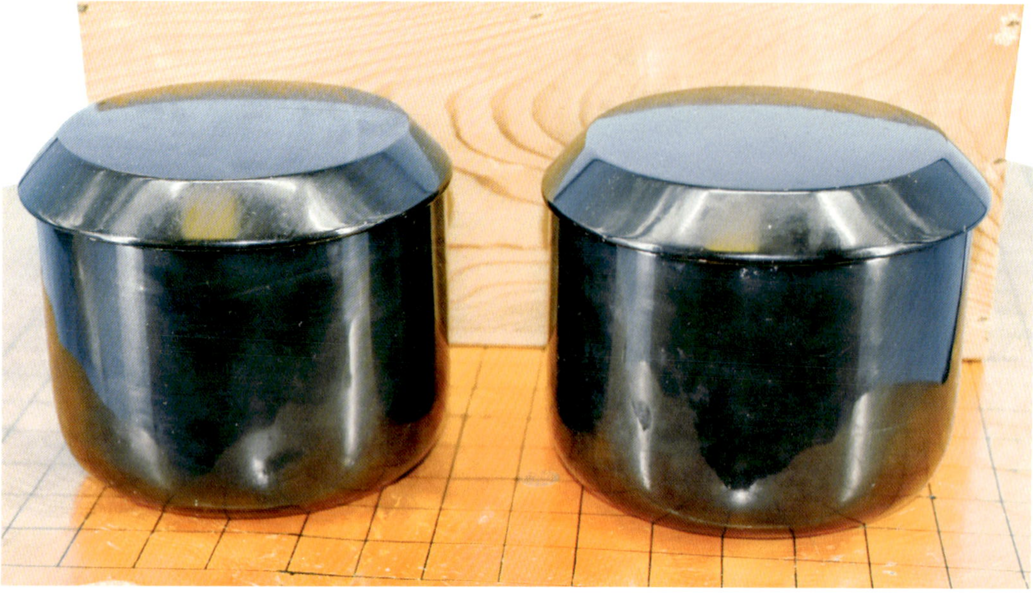

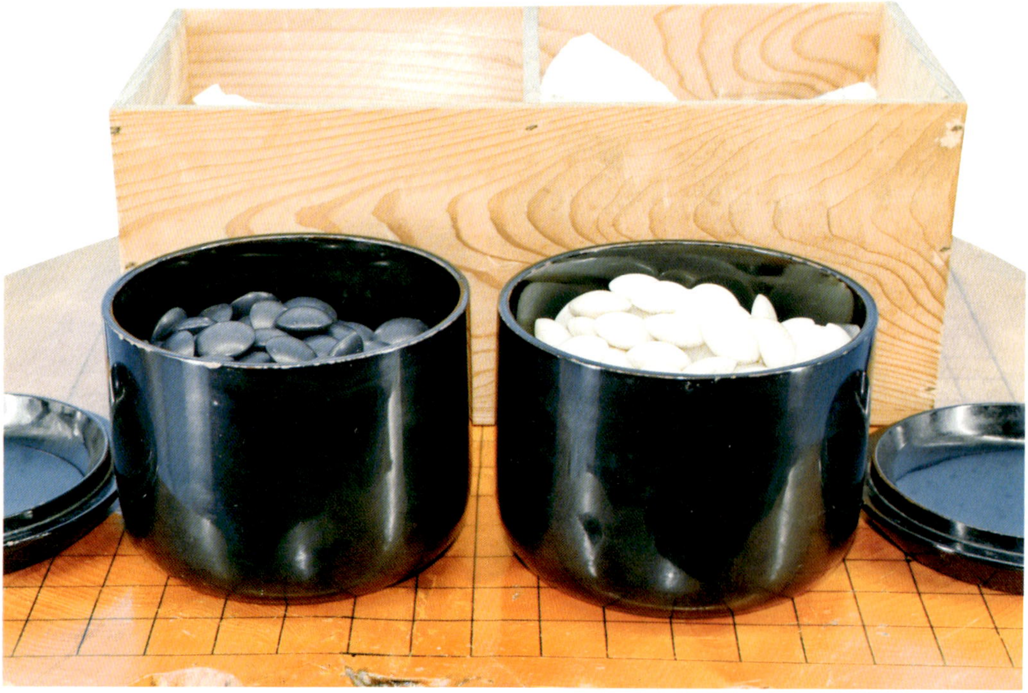

34号棋子厚薄适中,手感上佳,最合实用。棋笥为黑漆素面屋敷形。值得一提的是,棋笥外箱为屋久杉材,屋久杉前文已有介绍,请参阅,屋久杉有特殊清香,有一定的防虫作用。

8. 33-36号玉化蛤碁石德川异型桑棋笥

本品为玉化蛤碁石33-36号，棋子玉化程度极高，堪称极品。

德川异型桑棋笥与德川型在细节上略有区别，较德川型略高，盖也较德川型略平，中间圈槽浅刻，别有韵致。

此棋笥有黄金色泛出，包浆灿然，十分漂亮。

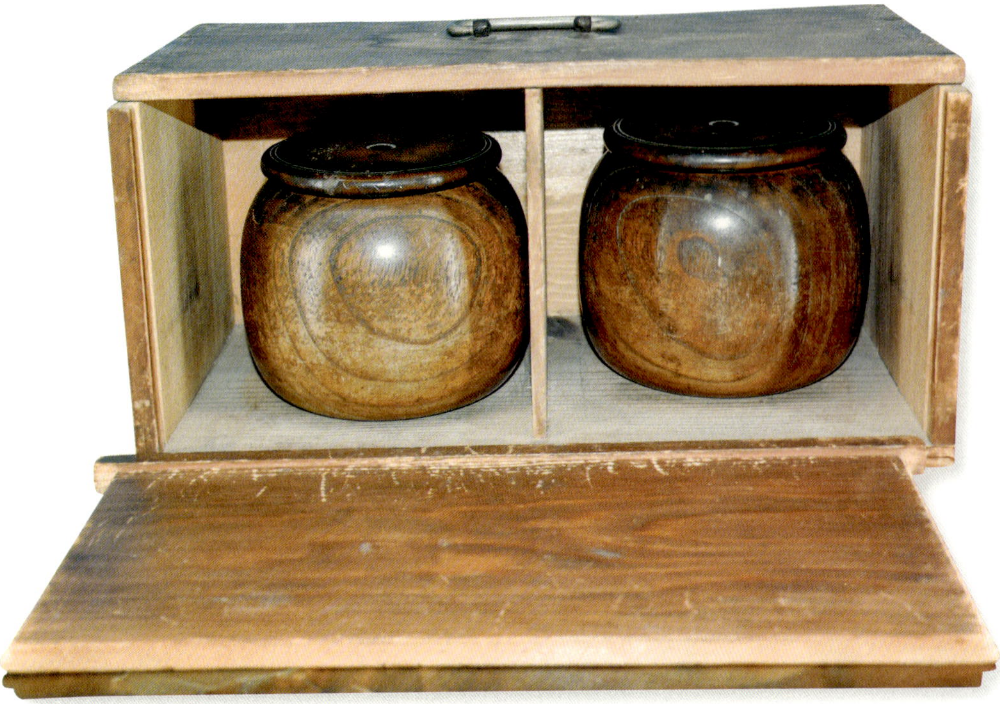

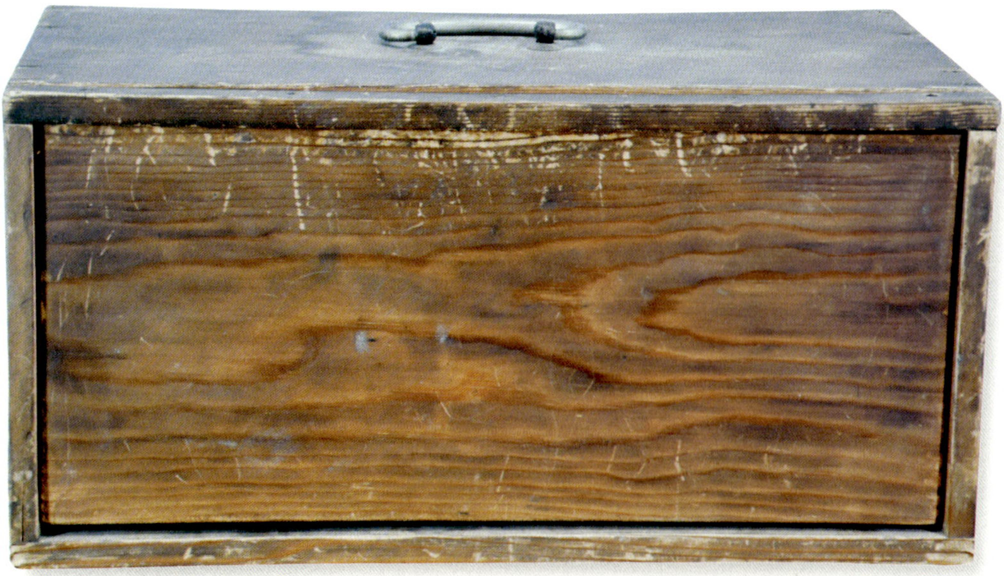

9. 34号玉化蛤碁石小笠原桑棋笥

本品的最大特点是玉化蛤碁石为小笠原桑棋笥收纳。

关于小笠原桑前文已有较为详细的介绍。

10. 34号玉化蛤碁石钵型木胎莳绘乌鹭图棋笥

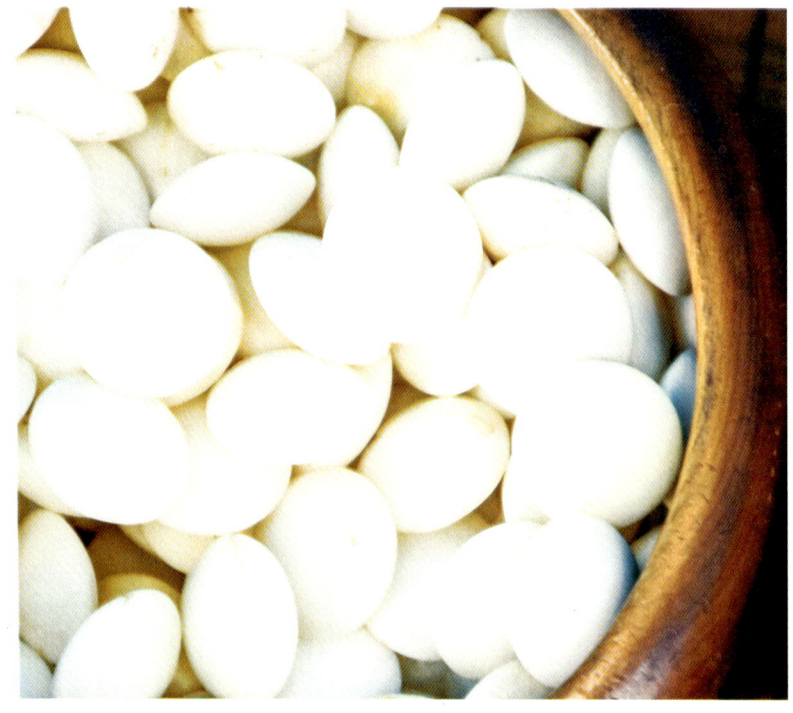

本品为34号玉化蛤碁石，白177枚，黑178枚，34号玉化蛤。

34号蛤碁石薄厚适中，手工制作算盘珠型棋子棋子晶莹圆润，手感上佳。

棋笥为罕见的钵型，整体素胎，仅在棋笥盖上绘有乌鹭各一，可惜绘有黑乌的棋笥盖上有一细裂，虽小有瑕疵，但整器仍不失高端大气。

有罩红漆外箱收贮。

五、稀有棋石

1. 稀有白蝶贝蛤碁石

白蝶贝被人们誉为"珍珠瑰宝"其外表和内层的纹理、色彩和光泽,以及独特的螺旋形状为白蝶贝所制棋子提供了丰富的艺术表现力,棋子晶莹剔透,不假雕饰,闪闪发光,恰到好处,耐人寻味。

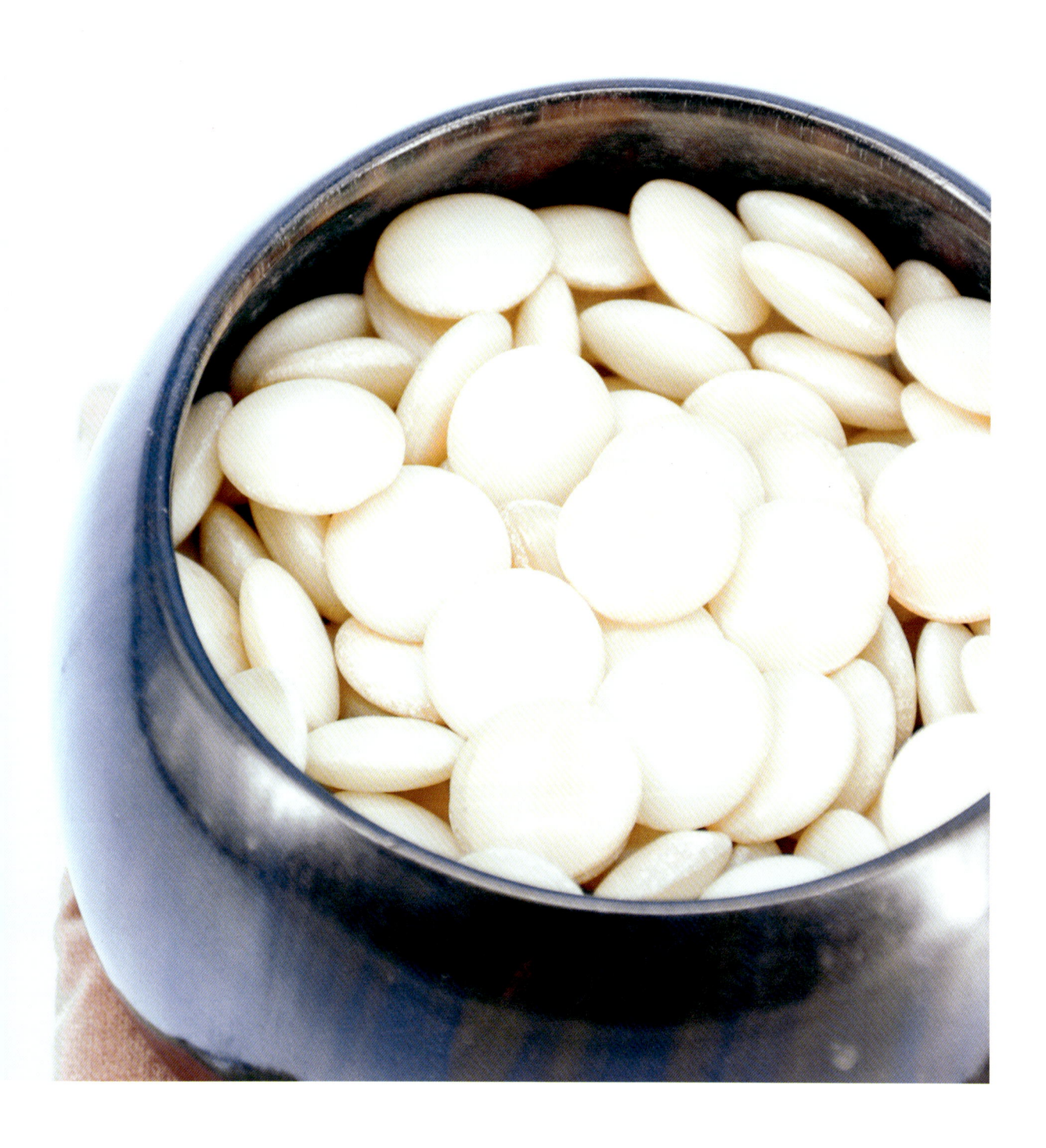

由于白蝶贝的外壳十分坚厚，壳内为较厚的珍珠层，呈银白色。边缘则为金黄色或黄褐色的角质，所制棋子带有明显的珍珠般的莹润华彩，典雅高贵，如珍珠一样，经过岁月的洗礼，时间久了会形成包浆，色泽将变成略深的奶油色。此件藏品为纯手工磨制30号（厚8mm）白蝶贝棋石，直径在20.5mm上下，符合江户古法规制，稀有罕见，异常珍贵。

老黑檀棋笥包浆醇厚，盖上贴有"山本先生"字样标签，当是一位叫作山本的先生所收藏。

2. 古象牙棋子

象牙制棋子,古已有之,梁元帝曰:"初,尧教丹朱棋,以文桑为局,犀象为子。"日本正仓院所藏唐"木画紫檀棋局"随附两副棋子,其中一副为象牙制,颜色分别为红色和深蓝色,上有花鸟图案。

本品黑白两色棋子均以象牙制成，年代久远，数已不全，包浆厚重，老气十足。以老桑本因坊型棋笥收敛，棋笥已形成棕红色包浆，光洁油润，并精细雕刻花鸟图案。盖上刻有黑、白二字。

此品为江户时期作品。

此品为江户时期作品。

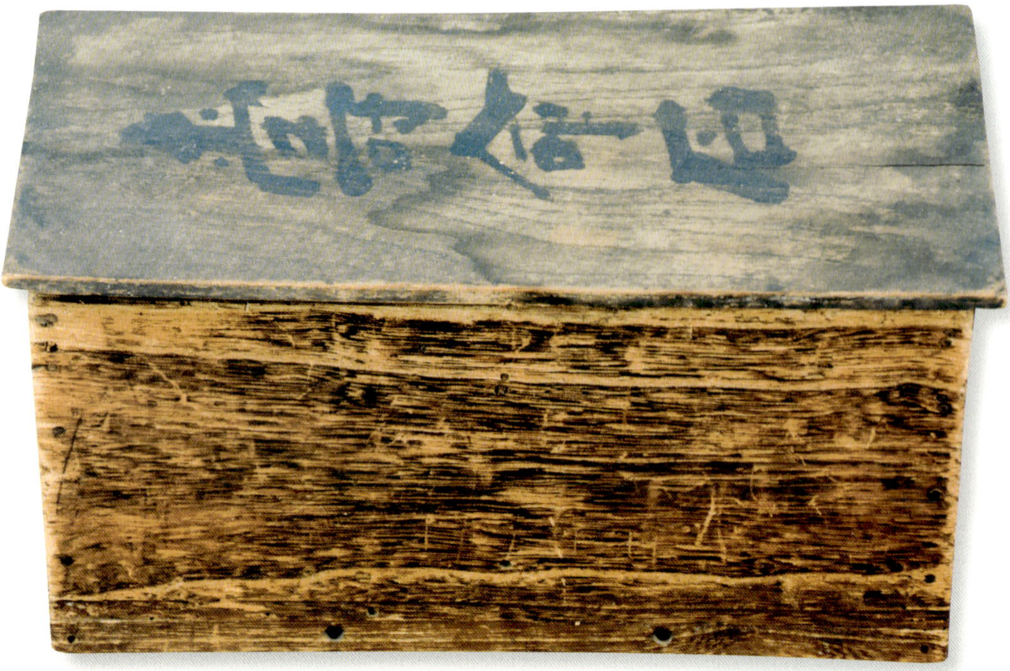

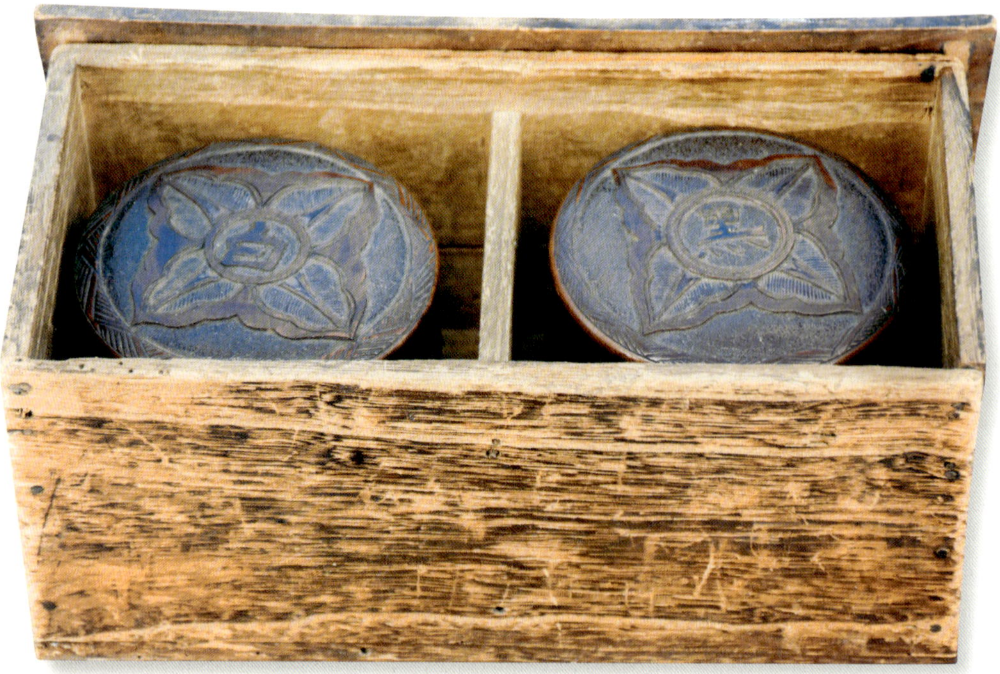

3. 鲸齿棋子

自古以来就有用鲸齿制作国际象棋棋子的。

据英国《卫报》报道，一名男子的外祖父55年前以5英镑的价格淘到一颗国际象棋的棋子，之后一直放在家中抽屉中。这家人也忽略了它的存在，直到前不久的某一天，家人翻抽屉又把它找了出来，并送去苏富比拍卖行估价。专家判断，这枚高8.8厘米、由海象牙制成的棋子是被称为中世纪奇迹之一的刘易斯岛国际象棋所缺失的一部分。

伦敦苏富比拍卖行对其的估价在60万英镑（约524万人民币）至100万英镑（约874万人民币）之间。

刘易斯岛国际象棋大多是用海象牙雕刻而成，少部分的材料是鲸鱼齿，据推测在1150年至1200年之间由挪威雕刻师制成，于1832年在苏格兰西北部的刘易斯岛被发现。发现的78个棋子中包括8个王、8个后、16个象、15个马、12个车和19个兵，兵的棋子高度比较矮，在3.5至5.8厘米之间，其他棋子高度在7至10.2厘米之间。据推测这些棋子有可能来自5套象棋，其中比较齐全的有4套，但可惜的是，要想凑齐这四套，还少了一个车和四个象。如今这些棋子都收藏于伦敦大英博物馆和苏格兰国家博物馆。这些棋子大多是用海象牙雕刻而成，少部分的材料是鲸鱼齿。再加上年代久远，所以十分珍贵和著名。

这种刘易斯岛国际象棋当年是维京贵族的玩具,每一颗棋子都经过精心雕琢,体现了当时维京人的工艺水平。棋子小人的服装、表情形象生动,突出的双眼、严肃的表情,看起来非常诙谐。

上世纪，日本匠人用鲸齿制成三副超大号围棋棋子，黑白棋子均以鲸齿精细磨成，白子保持原色，每粒棋子都带有鲸齿独特纹路，黑子染色，呈黑琥珀色斑纹，如梦如幻，是世上仅存之鲸齿棋子。笔者有幸藏得其中一副，为43号接近44号超大号棋子，厚近12.5mm，十分震撼。

第五章 鉴 赏

本品白180枚，黑181枚，配超超特大岛桑棋笥收贮。

4. 日本古玉棋子

此副棋子黑子为那智石，白子有玉之光感，且光照之下，内有絮状绵，但不同于中国玉，应为日本玉。

苏鹗《杜阳杂编》曾记："日本东三万里，有集真岛，岛上有凝霞台，台上有手谈池，池中出玉棋子，不由制度，自然黑白分明，冬温夏冷，谓之冷暖玉。"

此白子手感极佳，拈子打谱，冬日不觉其凉，夏日亦不黏手，确有冬暖夏凉的感觉。

棋笥似为乌木所制，包浆沉稳，乌黑油亮，厚重压手，质感极强，惜一笥有一细裂，实为小疵。虽然，此副棋器仍是绝佳藏品。

5. 老玛瑙棋子之一

本品为江户时期老玛瑙棋子，白子晶莹剔透，黑子玉润圆熟，包浆灿然，无贼光，老玛瑙棋子为纯天然玛瑙手工磨制，未经过任何物理、化学加工处理，与现代玛瑙棋子不可同日而语。

铁刀木棋笥包浆醇厚，已近黑色，叩之有金石声。

特别要说的是，用以收纳棋笥的外箱所用材质竟然是久已绝迹的小笠原桑，关于小笠原桑，前文已有介绍，不赘述，棋笥箱通体黑褐色，顶面花纹绚丽，整器厚重，包浆灿然，实乃棋笥箱中之珍品。

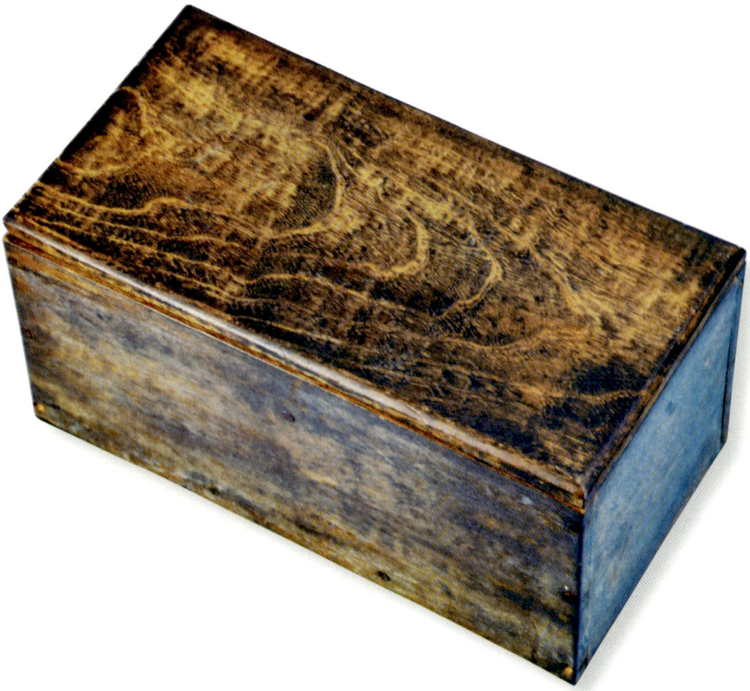

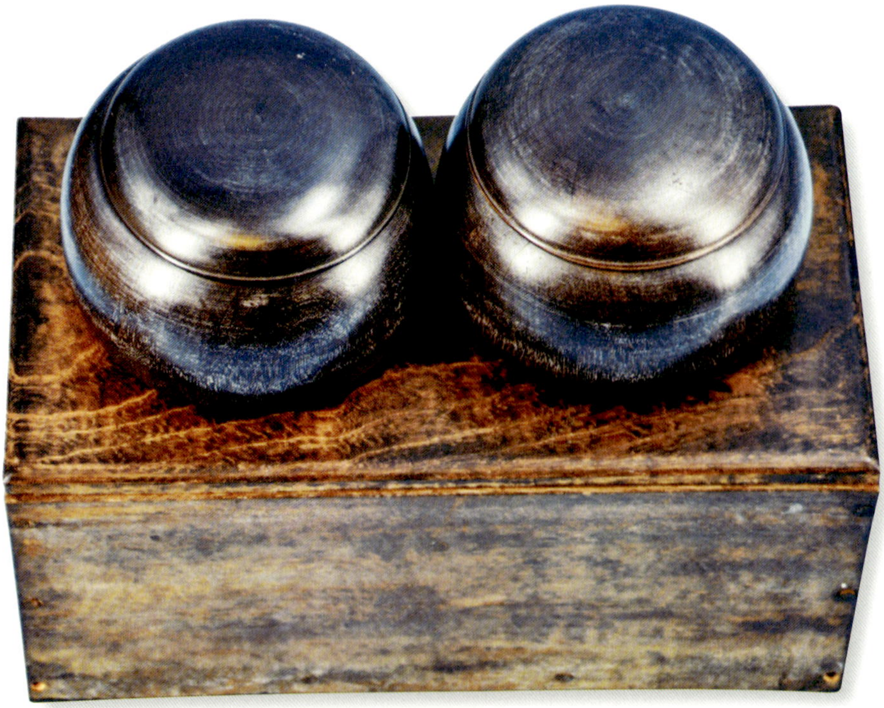

6. 老玛瑙棋子之二

与前品一样，也是江户时期老玛瑙棋子，棋子已形成包浆，微泛柔光，触之油润。棋子质感与现代玛瑙有天壤之别。

金莳绘棋笥以贴金、银、锡，点螺钿技法绘出葫芦图，
自然洒脱，葫芦谐音"福禄"，寓意吉祥。
　　整器奢华富贵，确为收藏佳品。

7. 缠丝玛瑙棋子

本品为缠丝玛瑙棋子。

所谓缠丝玛瑙棋子,就是带有如蛤碁石印纹般的玛瑙棋子,缠丝玛瑙棋子较之普通玛瑙棋子另有一番韵味。

此品有的白子略有茶色或淡黄色纹。黑白子包浆莹润，十分柔和。棋子厚度达到10.8mm以上，38号玛瑙棋子比较罕见。

棋笥材质不明，沧桑老旧，古色古香。

8. 江户时期硝子棋子

日本古时称玻璃为硝子，此副棋子从碎裂棋子的破损处可见明显的玻璃光，白子表面有点点锈斑，见证了岁月的沧桑。

玻璃是易碎品，尤其是古代的玻璃，硬度较低，保存至今，殊为不易，缺损在所难免。

9. 竹棋子

　　前文说过，日本文人、画家、弈者常有游历进学的习惯，为方便旅行时可以对弈，轻便小巧的便携式棋具应运而生，竹制棋子无疑是在所有棋子当中最为轻便的，旅途中只需携带一副几乎毫无分量的竹质棋子和纸质或便携棋盘就随处可以对局了。

本品当是幕末时期作品，黑子染色，白子为竹原色，由于年代久远，白子已形成棕红色包浆，古意盎然。此品虽材质平常，却带有浓厚的江户时期的文化信息，极具收藏价值。

　　与前品风格略有不同，本品棋笥盖构图与盖体呼应，合而成图，一笥呦呦鹿鸣，一笥悠悠凤鸣，分别收贮黑白棋石。凤鹿为俸禄谐音，有高官厚禄之美好寓意。

10. 水精棋子

明代李东阳有《雪月夜观水精棋戏作》诗：

雪月光中夜未阑，楸枰乱落水精寒。
情贪白战停杯久，眼入空明下子难。
长怪官曹无暇日，偶从愁里得奇观。
捋须呵手非吾事，聊复灯前凭几看。

其中"楸枰乱落水精寒"之水晶就是玻璃棋子。古人也称玻璃为水晶。

此副棋子透光度高，晶莹似水晶，实为玻璃，故称其为水精棋子。黑白棋子多有破损，质地较酥，有紫檀棋笥收贮。

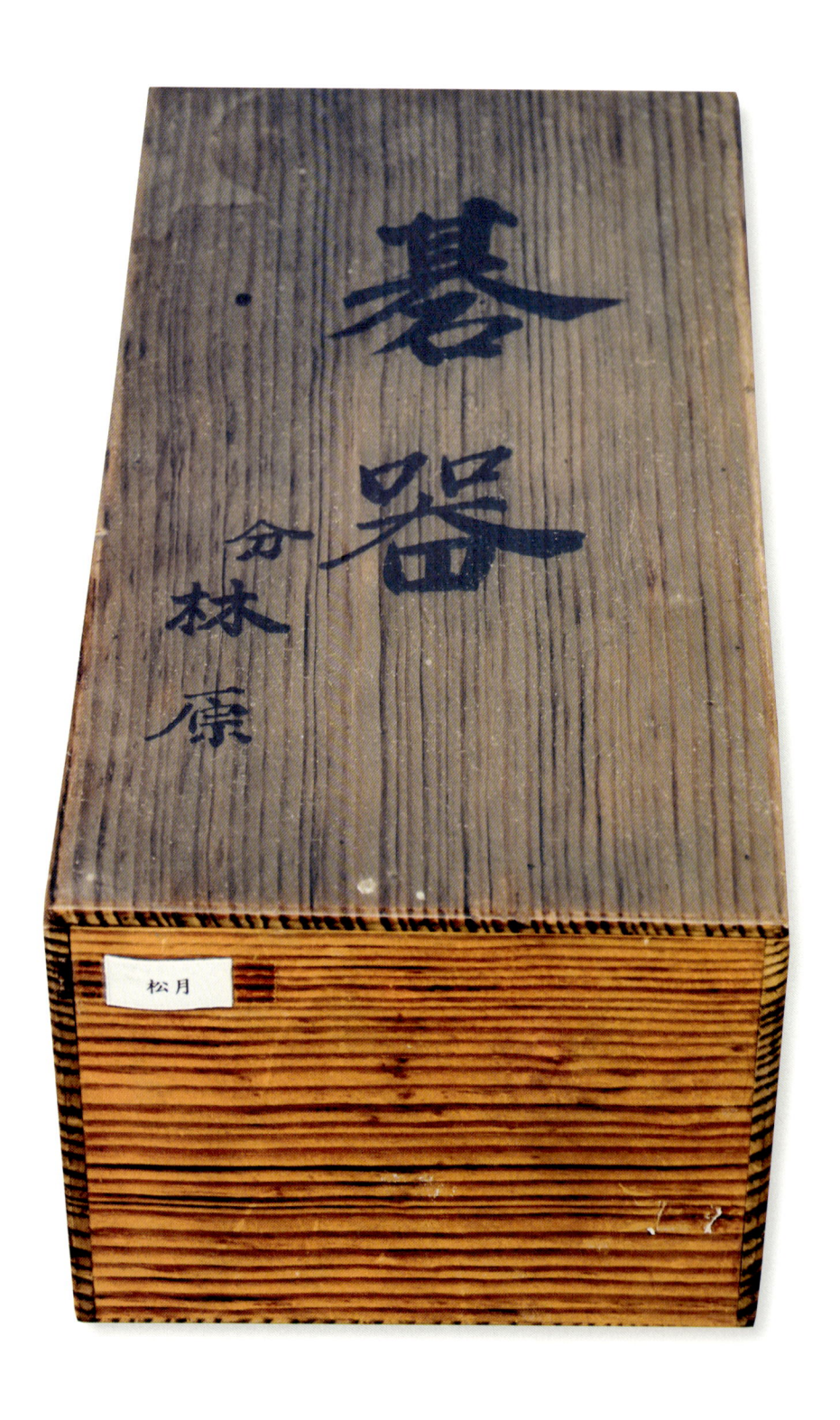

棋笥外箱上盖面上有"棋器　分　林原"题字。

六、雕刻棋笥

1. 幕末本因坊型镰仓雕凤求凰图文棋笥

素有幽雅、寂静、精粹的艺术之称的镰仓雕工艺，起源于13世纪中叶，随着禅宗的迁入，从宋朝传入的美术工艺品中，出现了被称为"沉朱"的盆、大香合等漆雕品。这是一种在反复涂漆的面上雕刻出精巧的图案的艺术品，此物价格高昂，十分珍贵，深受上层社会追捧。日本佛师们在木雕彩漆佛具制作中借鉴漆雕艺术，创作佛像，镰仓雕工艺开始兴起发展。

到室町时代，《实隆公记》中首次有文字记载"镰仓物"，此后，与镰仓有关的木雕彩漆就被称为镰仓雕。

江户时期，镰仓雕以其大雅深受社会各阶层的喜爱。明治时期，神佛分离令被公布，伴生的废佛毁释运动使佛师们失去了工作。以此为契机，著名的雕师后藤斋宫、三桥镰山等人开始将镰仓雕技艺广泛应用于生活中的各种器物，镰仓雕遂得以迅猛发展。近现代工艺随着工业化的进步，镰仓雕也开始了工业化生产，镰仓雕虽秉承传统技艺，坚持手工制作，但质量已大不如前。

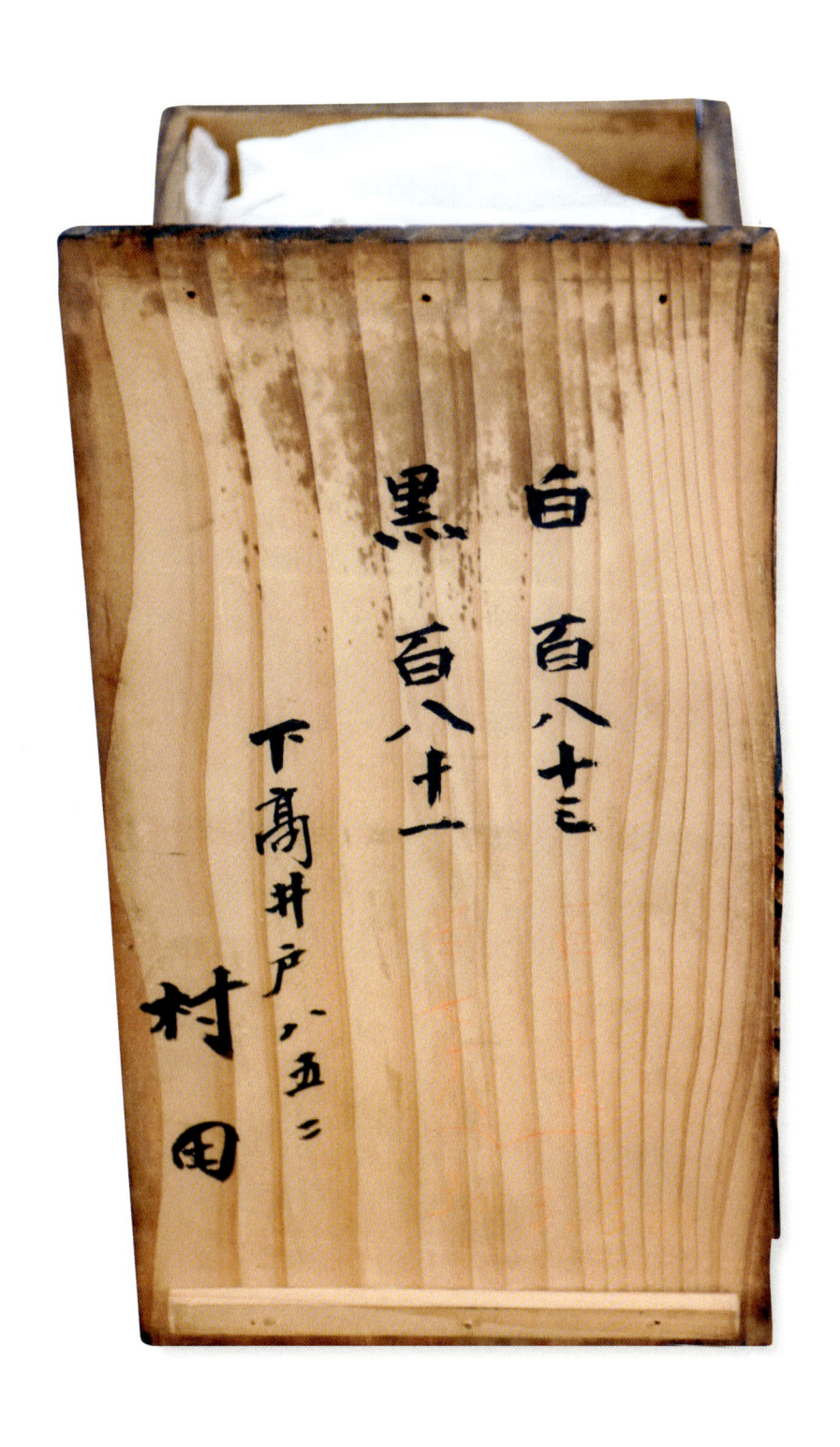

本品为镰仓雕本因坊型棋笥，棋笥与棋笥盖之间雕花浑然一体，凤求凰，舞蹈嬉戏，虽是写意手法，却自然逼真，构图奇巧，刀工精湛，漆艺娴熟，整器包浆灿然，堪称艺术精品。

棋笥外箱书有"棋石"字，箱盖内面书有"白百八十三　黑百八十一　下高井户八五二　村田"记录。

2. 绿石螺钿金银丝镶嵌乌鹭争飞图竹棋笥

本品为绿石螺钿金银丝镶嵌乌鹭争飞图竹棋笥。棋笥外箱上盖书"乌鹭争飞棋器",左有"左木（　）"刻印。箱端贴签"七拾号（红字）　乌鹭争飞棋石箱　五十三"。

屋敷形棋笥由整竹刨斫，做工极细，笥盖螺钿镶嵌乌鹭图各一，鹭腿为金丝镶嵌而成。

筒体一以绿石镶嵌芦苇，一以绿石镶嵌老树，芦苇摇曳，老树苍虬，乌鹭争飞，画面灵动，极富立体感，令人震撼，确是一件至为精致的艺术珍品。

棋笥型号较小，仅可容纳江户薄子。

3. 赞岐雕海草福寿螺图棋笥　三河白雪印蛤碁石

赞岐雕又称赞岐一刀雕，始于天保八年（1837年），历史悠久，工艺精湛。

赞岐雕一般挑选树龄在200年以上的赤松或楠木为原料的木材制器，然后在器物上勾勒出造型进行雕刻，刀法古朴简洁，粗犷大胆，并在细节处细细雕琢打磨，其粗放与纤细两种截然相反的工艺特征，在一刀雕上完美地融为一体，从而展现出绝伦的艺术精华，令赞岐雕诞生初始便大放异彩，并延续至今，作为传统木雕技艺而绽放光华。

此品为江户末期赞岐雕海草福寿螺图棋笥，以赤松为胎，上刻海草福寿螺图，构思奇特，雕工精湛，包浆醇厚，古色古香。内贮三河白雪印蛤碁石，黑那智石棋子，棋子如梦如幻，与棋笥相得益彰。

4. 赞岐雕花鸟图桑棋笥

本品为赞岐雕花鸟芭蕉图本因坊型桑棋笥，棋笥盖雕有花鸟图，棋笥本体配以芭蕉叶，整体构呈对称图形，繁而不乱。

老本因坊型桑棋笥，已形成棕红色或深茶色包浆，型号小，仅可容纳江户时期薄子，应是江户时期作品。

棋子为三河白雪印三厘，印纹致密。

5. 赞岐雕编筐图棋笥

此品雕工虽不复杂，但造型新颖，构思奇特，整器以编筐形式呈现，似柳条编，又似竹编，大俗而蕴大雅，为笔者所仅见。

本品所用木材质未辨,但包浆醇厚,古意盎然。

配镰仓海岸蛤碁石雪印薄子,尤增拙古,用以打谱,另有情趣。

6. 赞岐雕四面花窗梅兰竹菊四君子图棋笥

本品为赞岐雕四面花窗梅兰竹菊四君子图棋笥。

四面花窗中分别雕刻梅兰竹菊,构图简洁明快,雕工精湛细腻,四君子分别框于花窗之中,各具风韵。整器纯手工雕琢,实为赞岐雕中精品。

桑棋笥经过岁月的洗礼，已形成深棕色包浆，古意盎然。此为江户时期小型棋笥，仅可容纳30号以下鹿儿岛、镰仓海岸等薄子。

棋笥收纳有镰仓海岸薄子。

7. 犀皮纹木雕棋笥紫色包浆蛤碁石

本品为犀皮纹木雕棋笥紫色包浆蛤碁石。

漆工艺中犀皮纹制法别有韵味，但在木雕工艺中若要表现犀皮纹效果，难于髹漆，甚至难于雕刻繁复的图案，雕刻师需要一刀刀地浅刻轻雕，慢工细琢出状如橘皮的犀皮纹效果。且要令这种纹路自然灵动，全无斧凿痕迹，就难上加难了。

本品雕工细腻，图文自然，非大师级雕工不能完成，是少见的艺术精品。

值得一提的是，棋笥收纳之幕末时期古子不同于鹿儿岛、三河湾、答志岛等产地蛤碁石，似为镰仓海岸所产一种较为特殊的蛤贝所制，棋子形成紫色包浆，非常罕见。有商家称之为紫贝，笔者以为不确，蛤碁石上的紫色实际上是自然形成的包浆颜色。

8. 屋敷型精雕浅刻乌鹭图棋笥

本品为屋敷型黑漆暗刻浅雕乌鹭争飞棋笥。

不同于其他金莳绘工艺，本品采用在黑漆面浅浅雕出双鹭双乌图。

乌鹭争飞，动感十足，暗刻浅雕的手法，令整个画面呈现一种朦胧之美，如梦如幻。

33号玉化蛤碁石晶莹玉润，有红漆木箱收纳整器。

9. 乌城雕孤狼望月图棋笥

乌城雕是日本冈山著名的工艺品。之所以称为乌城雕，是因为乌城雕工艺起源于冈山，而冈山又称乌城，故冈山的木雕工艺品称乌城雕。乌城雕是上世纪二十年代由木口九峰先生始创，昭和四十四年由第二代木口省吾继承，至今已有已有上百年的历史。

乌城雕可以制成各种器具、装饰品等。一般这使用日本产的桑、枥、桂、桐、榉等木材制成器物，再进行雕刻，并使用天然漆多次髹涂上色，一件作品需要近三十道工序才能完成。而且，每道程序都为手工制作。

乌城雕方兴未艾，2002年4月，"株式会社乌城雕协会"改组之后作为冈山城市名片的乌城雕的生产和发展更加规范化了。

本品是以榉木为胎，精雕细琢而成。棋笥主图雕一孤狼回头望月，给人一种苍茫孤独的感觉，令人震撼。

雕狼左有款"壬子七月　玉刀"，壬子年为1972年，距今已近半个世纪。

10. 乌城雕凤鹿图棋笥

　　与前品风格略有不同，本品碁笥盖构图与盖体呼应，合而成图，一笥呦呦鹿鸣，一笥悠悠凤鸣，分别收贮黑白棋石。凤鹿为俸禄谐音，有高官厚禄之美好寓意。

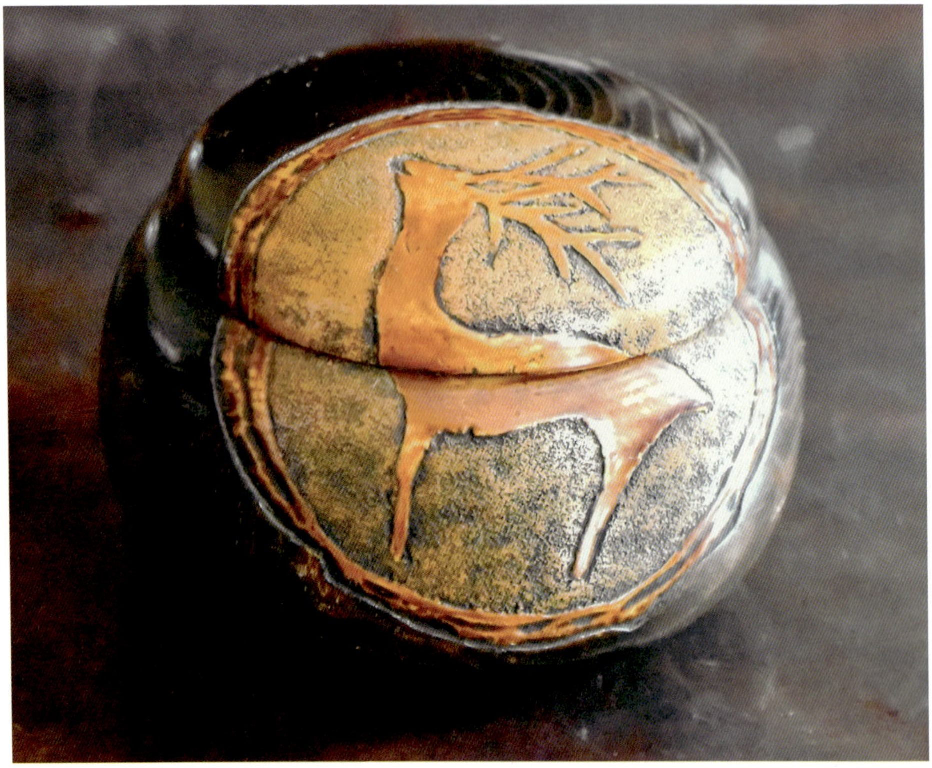

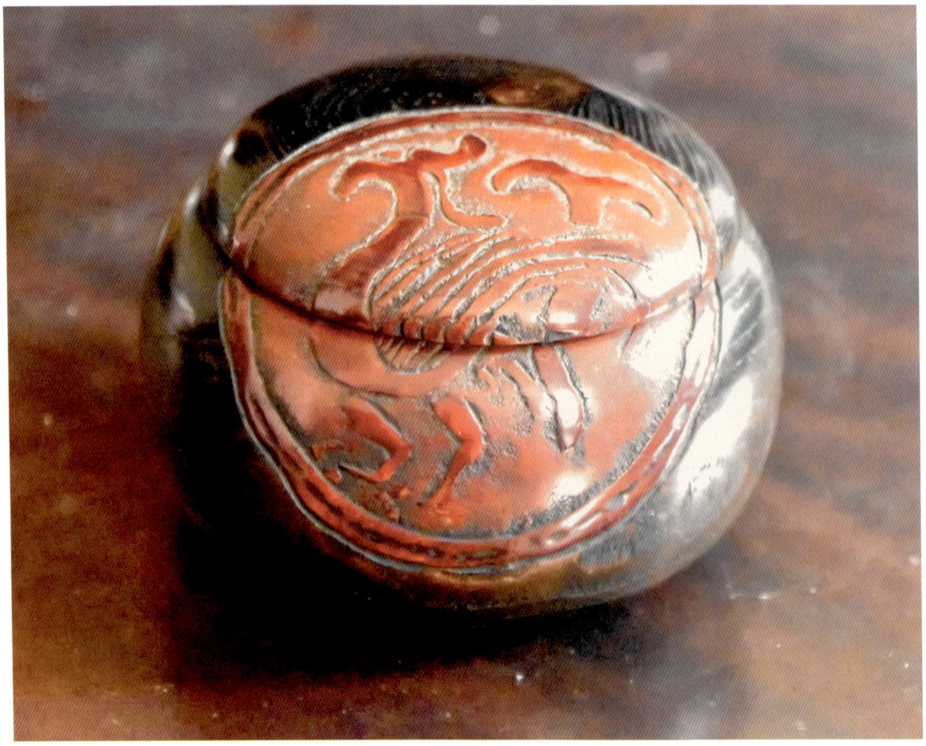

第五章　鉴赏

11. 剔红棋笥

剔犀和剔红是一种漆雕工艺，日本称剔红为堆朱。

《新增格古要论》卷七《格古要论三》载：

古漆器论

古犀毗，古剔犀器，以滑地紫犀为贵，底如仰瓦，光泽而坚薄。其色如枣色，俗谓之枣儿犀，亦有剔深峻者，次之。福州旧做色黄滑地圆花儿者，多谓之福犀，坚且薄，亦难得。嘉兴西塘杨汇新作者，虽重数两，剔得深峻，其膏【凤麟按：四库本作"骨"。】子少有坚者，但黄地者最易浮脱。

剔 红

剔红器无新旧，但看朱厚色鲜红而坚重者为好，剔剑环香草者尤佳。若黄地子剔山水人物及花木飞走者，虽用工细巧，容易脱起；朱薄而少红者价低。宋朝内府中物，多是金银作素者。元末，西塘杨汇有、张成、杨茂剔红，最得名，但朱薄而不坚者多浮起。日本琉球国极爱此物。堆红假剔红用灰团起，外面用朱漆漆之，故曰堆红。但作剑环香草者多不甚直钱，又曰罩红。创剿金要漆坚创剿得景好为上。元朝初，嘉兴西塘有彭君宝，甚得名创剿。山水、人物、亭观、花木、鸟兽，种种臻妙。

按照"古漆器论"中的说法，"古剔犀器，以滑地紫犀为贵，底如仰瓦，光泽而坚薄。其色如枣色，俗谓之枣儿犀，亦有剔深峻者，次之。"

本品正符合"光泽而坚薄。其色如枣色"的特点，故严格说起来，本品应属剔犀，俗称枣儿犀棋笥。

棋笥略有掉肉，棋子为38号幕末手工磨制算盘珠型玉化蛤碁石，玉润莹白，包浆灿然。

七、金莳绘棋笥

1. 江户时期飞凤梧桐图金莳绘棋笥

此品采用金莳绘工艺绘出凤栖梧图。图中所绘飞凤梧桐构图简洁灵动,动感十足。

配有江户镰仓海岸雪印薄子。

2. 江户时期万字曲水纹人物漆金莳绘棋笥

本品为江户时期万字曲水纹人物漆金莳绘棋笥。

万字曲水纹俗称万字不到头，又有万字锦、万字纹、万字拐、万不断等名，是一种中国传统文化中所特有的具有吉祥意义的几何图案。是一种四方连续图案，由连绵不断的（卍）字组合而成。图案寓意为吉祥、连绵不断、万寿无疆等。

万字不到头图案经常见之于织物、衣饰、陶瓷、砖雕、木雕、石雕、窗棂之上，既可以作为底纹展现，亦可作为花边装饰。

本品以漆金工艺绘有简约的江户风景人物图，虽寥寥数笔，却勾勒出浓郁的江户时期日本社会的风土人情，棋笥盖缘绘有万字曲水纹，整体造型古朴，线条简练，具有浓郁日式风格，内畬镰仓海岸古薄子。

3. 江户时期德川型凤栖梧金莳绘棋笥日本玉子

此为江户时期德川型凤栖梧金莳绘棋笥日本玉子。

此品采用金莳绘工艺金贝技法绘出凤栖梧图。所谓金贝技法就是将金、银、锡等金属薄板按图样切割贴于器物表面组成图形，作品看起来更富立体感。图中飞翔中的凤凰正向梧桐处寻觅栖息之地，灵动活泼，金彩熠熠，夺人眼目。

算盘珠型棋子与前文江户束颈蓝地金钱纹金莳绘棋笥日本玉棋石中的似玉非玉材质相同，泛鸭蛋青色，触手略涩滞，颇为古朴，别具一格。

4. 轮岛涂乌鹭金莳绘棋笥

轮岛涂起源于江户时期宽文年间，是位于能登半岛的石川县轮岛市起源生产的漆器名称，于1977年被日本政府指定为国家重要无形文化财产。轮岛涂制作工艺十分复杂，以木为胚，将当地特有的"圭藻土"烧成粉末，混入生漆内搅扮均匀使用，经过70道以上精细的工序涂绘完成。由于轮岛图主要用于平民的祭典等活动，所以十分讲究表面漆涂附着牢固，持久耐用。轮岛涂结合莳绘与沉金等技法绘出精美图绘，作品或优美典雅，或华丽高贵，每一件都堪称完美的艺术品。

本品为明治后期作品，屋敷型棋笥，红漆素色，内涂黑漆，仅棋笥盖各绘乌鹭，振翅争飞，构图简洁，动感十足。

收官30号日向小仓滨雪印蛤碁石，文印细密，有淡茶色包浆。

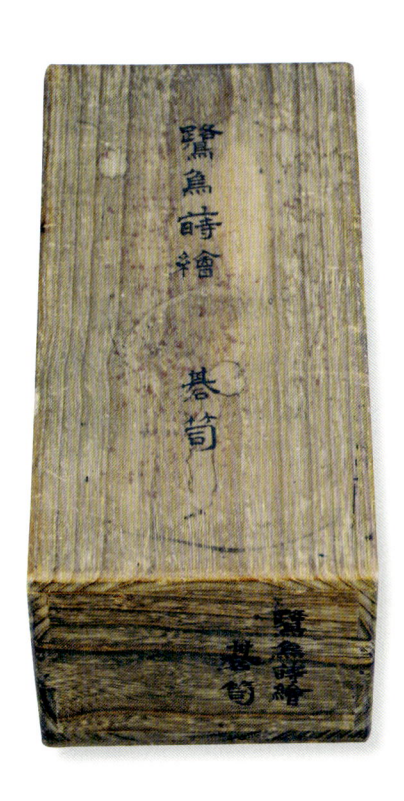

棋笥外箱顶面和端面均书"乌鹭莳绘棋笥"字。

5. 漆金银万字曲水纹乌鹭花卉图棋笥

　　此品为金莳绘漆金银乌鹭花卉图棋笥，棋笥盖乌鹭图绘造型独特，呈圆形几何图案，与外缘万字曲水纹互相呼应，精致而不失生动。

棋笥绘有花卉图，栩栩如生。

32号玉化蛤碁石晶莹剔透，温润如玉。

值得一提的是，棋笥收纳箱面书"棋器"侧端书"馆姓"此品当是幕末明治初期作品。

6. 江户时期德川型梅兰竹菊四君子图金莳绘棋笥

本品为德川型金莳绘梅兰竹菊四君子图棋笥。

德川型棋笥在江户时期比较多见，现代已经很少制作了，德川型棋笥没有太大型号，这是因为江户时期棋盘棋子寸法较现代小的缘故，本品满绘梅兰竹菊四君子图，错落有致，密而不乱。

自古以来，文人雅士无不爱梅兰竹菊，将梅兰竹菊誉为四君子，梅傲、凌寒傲雪，暗送清香。兰幽、孤芳自赏，空谷独幽。竹坚，高风亮节，虚心养气、菊逸，冷香晚艳，淡泊明志。

由于年代久远，棋笥内缘略有脱漆，略显古旧沧桑，配三河白子。

7. 紫檀贴金竹图莳绘棋笥

木胎不髹漆，直接以金莳绘工艺在其上绘出图案，采取贴金银锡片裁成的图案，或者漆金莳绘等，是金莳绘技法之一。

本品就是在紫檀棋笥上直接漆金绘出竹图，构图极简，却韵味十足，金竹紫地形成的巨大反差，以强烈的视觉冲击震撼灵魂，这是一件极致精美的艺术品。

三河白蛤碁石有陈旧痕迹，却仍印文清晰，如梦如幻。有黑漆外箱收纳。

八、杢木棋笥　岛桑棋笥

1. 御藏岛黄金桑杢木棋笥手工玉化蛤碁石

本品为御藏岛黄金桑根杢木棋笥，内藏36-37号玉化蛤碁石。

在日本，分布在关东近在、秩父、群马、栃木、福岛等地；关西、岛根、日向和北海道等地；还有朝鲜半岛、中国等地的桑木，统称之为地桑，又称之为本桑。

此四类桑颜色，花纹略有小异，基本大同。

而分布在伊豆七岛（大岛、利岛、新岛、神津岛、三宅岛、御藏岛、八丈岛）和小笠原群岛（父岛、母岛和硫磺岛等30多个岛屿），以及九州、八重山岛、中之岛等各岛之野生山桑统称岛桑，其中御藏岛桑作为野生山桑之代表，杢纹绚丽，目木奇特，韵味十足又具独特的黄金色泽以及如芝麻斑的色点，且于绚丽花纹中可见黑筋缠绕，为桑中之最，由伊豆群岛独有的"蜂鸟"传播种子而繁衍。其次为三宅岛桑和八丈岛桑。岛桑在日本早已禁伐，现在仅存残留小料，可制一些小件制品。

岛桑棋笥在日本是高档棋笥，御藏岛黄金桑棋笥尤为难得，而御藏岛黄金桑根杢棋笥就是罕见的珍品了，尤其是本品器型硕大厚重，绚丽的根杢花纹中可见根瘤分布，金灿灿的光华中时有黑筋缠绕，尽显华贵之气，包浆灿然，光泽莹润。

玉化蛤碁石晶莹剔透，洁白如珠，温润如玉，堪称绝品。

2. 御藏岛黄金桑杢木棋笥

　　与前品一样，也是御藏岛黄金桑根杢棋笥，只是本品为江户时期型号棋笥，小于现代棋笥寸法，仅可收纳鹿儿岛、三河湾、镰仓海岸等蛤子。本品可见根瘤较前品更多，黑筋萦绕，极其绚丽，棋笥盛食三河白蛤子，古色古香，配一方江户老盘打谱，令人有仿佛穿越到了19世纪的感觉。本品是一件不可多得的艺术珍品。

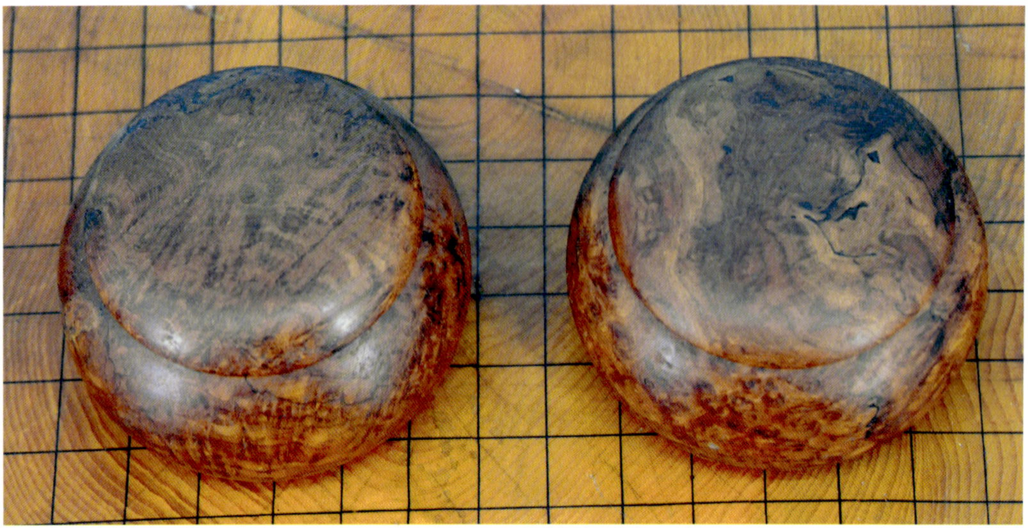

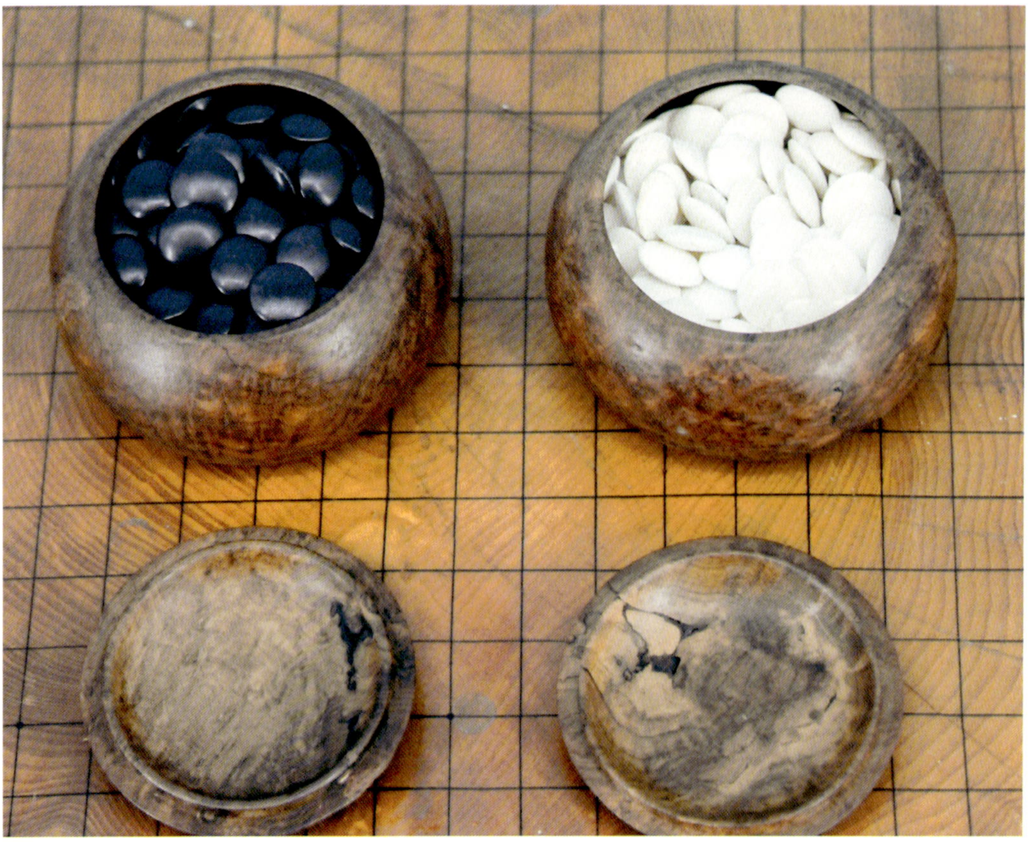

3. 安井型小笠原桑棋笥、35号玉化蛤碁石

本品为罕见的小笠原桑棋笥，配有35号玉化蛤碁石。

小笠原岛特有之桑与众不同，其纤维构造有别于其他桑种，坚韧扭曲，其色深褐近黑，油润光亮，故又称黑桑。

小笠原桑只生长在伊豆七岛之小笠原岛，岛上的特殊地质条件和气候环境造就了小笠原桑的与众不同。其木质与土壤中的单宁成分发生反应，使桑木的黄褐色增加深度从而变为黑褐色，也因此令小栗原桑形成了其特有的重硬的质感，小笠原桑经打磨之后会泛乌亮黑光，所以又被称为"黑桑"。

现在小笠原桑被指定为濒危物种,是绝对禁止砍伐的稀少木种。小笠原桑之所以成为濒危树种,追根寻源,还要上溯到明治时期当局对小笠原岛的开发政策。明治初期,政府积极促进小笠原群岛的移民,由此拉开了滥伐小笠原桑的帷幕。

小笠原桑漆黑的木目纹路和美丽的光泽所彰显的华贵气度,远超亚洲黑檀等黑色系木材。其价格远远高于其他木材,甚至达到当时木材市场桧木价格的20倍,巨大的利益促使小笠原开拓团争先恐后地进入森林,开始无序砍伐小笠原桑,小笠原桑很快便被砍伐殆尽,而小笠原桑繁殖力很弱,渐渐被引进的养蚕桑强大的繁殖能力所淘汰,现在仅存战后发现的小笠原桑数株幼苗,作为珍贵的小笠原固有树种被精心保护。本品作为小栗原桑制品得以流传至今,殊为不易。

35号玉化蛤碁石晶莹如玉,与小笠原棋笥配套,相得益彰。

4. 德川型小笠原桑棋笥

关于小笠原桑，前文已有介绍。本品为幕末德川型小笠原桑棋笥。

小笠原桑又称黑桑，整器乌黑，包浆沉稳，更增沧桑古朴。内贮鹿儿岛蛤子，有茶色包浆。

本品器型较小，仅可容纳古蛤子。

5. 紫檀杢木棋笥

紫檀杢木棋笥并不多见，本品包浆油润，暗紫色中透出近黑紫色斑纹，是紫檀杢木特有的绚丽色彩，十分震撼。

棋笥收奁镰仓海岸古子,有淡紫色包浆,与紫檀杢木棋笥相映成趣。

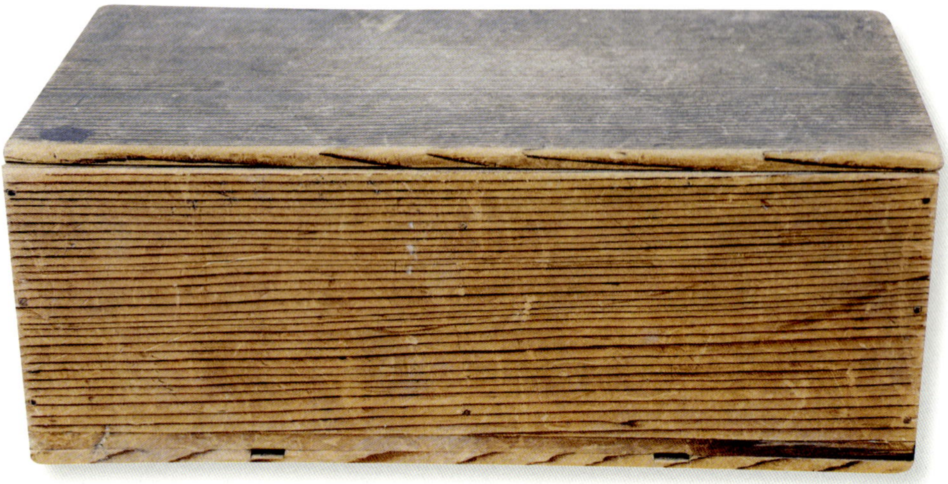

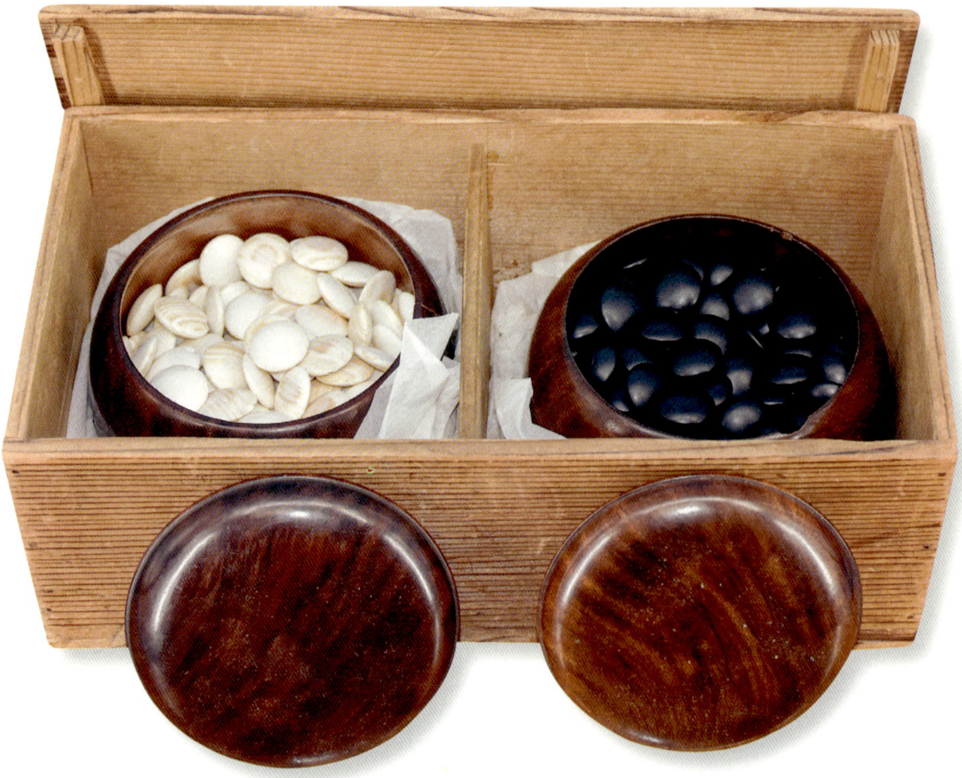

6. 杢木紫檀棋笥玉化蛤碁石

　　同为杢木紫檀棋笥，本品较前品杢纹相较不是那么震撼，但本品胜在器型较大，众所周知，紫檀木少有大料，因此，所制棋笥一般都较小，大号紫檀棋笥难得一见。

配有33号玉化蛤碁石。

| 第五章　鉴　赏

九、异型棋笥

1. 太鼓型棋笥

　　太鼓起源于中国，在原始社会时期就已存在有了。《山海经·大荒东经》记载："东海中有流波山，入海七千里。其上有兽，状如牛，苍身而无角，一足，出入水则必风雨，其光如日月，其声如雷，其名曰夔。黄帝得之，以其皮为鼓，橛以雷兽之骨，声闻百里，以威天下。"夔是独脚如龙的怪兽，雷兽是中国上古神话中的怪兽，有着雷电之力，太鼓以黄帝所制之故，一鸣之威，震惊天下。

最早，人们击鼓是为舞蹈助兴；如《礼记·明堂位》："土鼓蒉桴苇龠，伊耆氏之乐也。"后也用于在祭祀中取悦神灵，成为国家祭祀活动中不可或缺之礼。《周礼》规定："凡国祈年于田祖，吹豳雅，击土鼓，以东田钧。国祭蜡则吹豳颂，击土鼓，以息老物。"国家甚至专门建立了管理鼓乐的机构，设置名为"鼓人"的官职，并有鼓乐之制。《周礼》"鼓人，掌教六鼓四金之音声，以节声乐，以和军旅，以正田役"，从此鼓开始用于各种祭祀、军事、劳作等活动中。

古人认为鼓具有非凡的神力，鼓声如雷可以祈雨。《易·系辞》有"鼓之以雷霆"之说。

在汉魏至南北朝时期，鼓文化传入日本，在日本文化中，太鼓与日本文化的发展息息相关，古代日本人以太鼓驱赶病魔邪恶。也作为迎神之用，也用于在战争中鼓舞士气，在日本的宗教中，太鼓则是作为佛乐伴奏之用，太鼓已成为日本的代表性乐器，渗透于日本人生活的各个层面之中。

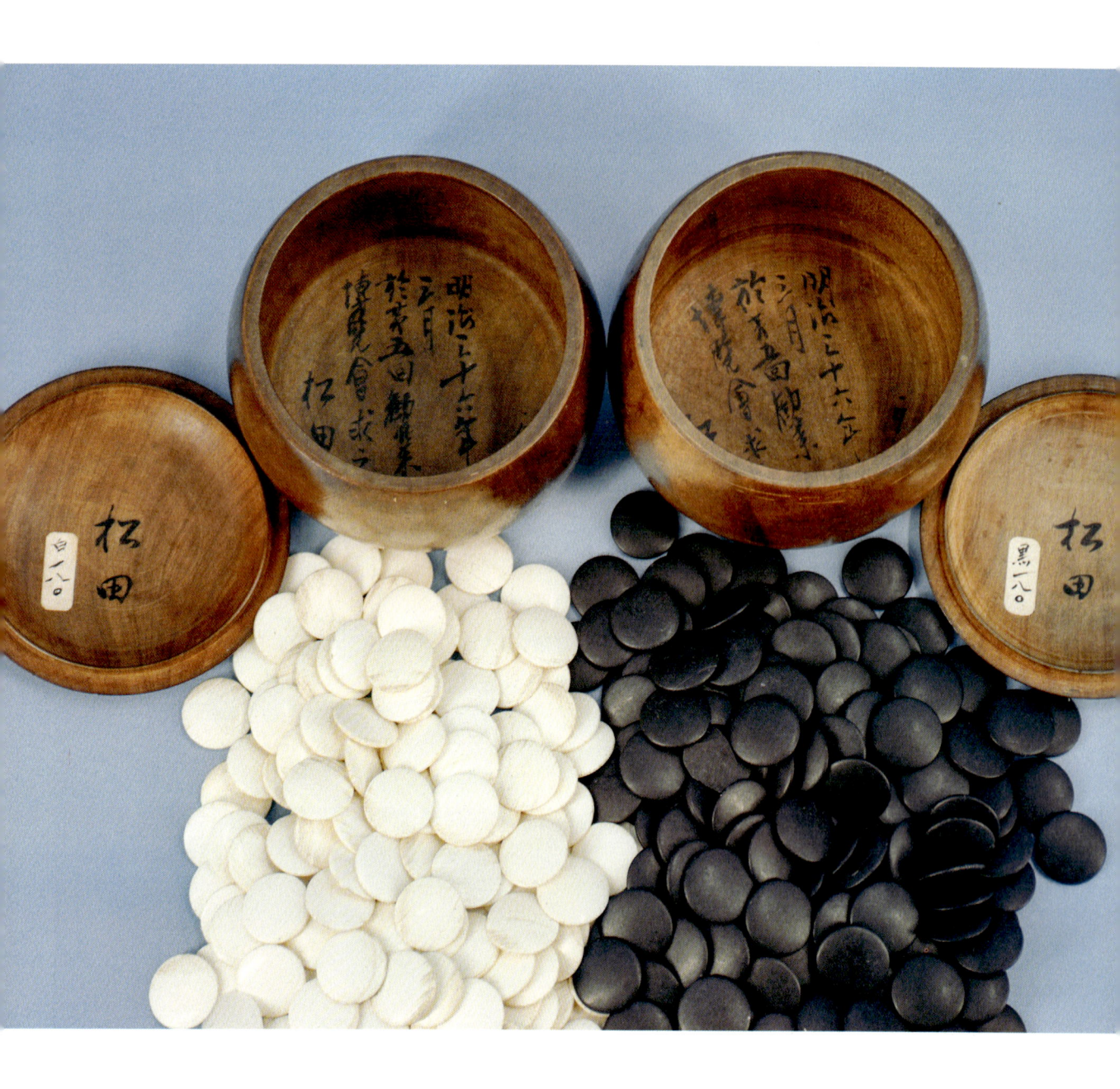

本品为太鼓形状棋笥，构思精妙，造型奇巧，棋笥盖作为鼓面，上面精细浅雕有三巴纹，笥底与棋笥盖看起来一模一样，做为鼓的另一面，也有三巴纹浅雕。

　　在日本，巴纹是一种日本八幡神的神纹，也是琉球王族尚王家家纹。巴纹变化有超过300种，最常见的是左三巴纹和右三巴纹，三巴纹经常用于装饰日本太鼓鼓面。

棋笥底部有墨书记录"明治三十六年于三月于第五回劝业博览会求之松田"。明治三十六年为1903年，是一位姓松田的弈者从日本第五回劝业博览会购得。

值得一提的是，第五回劝业博览会是1903年3月1日至7月31日在大阪举办的规模浩大的博览会，此次博览会遍邀世界各国官商赴会。清政府也受邀之列，并投入了大量人力、物力与财力筹备和组织赴会。

此品距今已100多年，棋笥材质为御藏岛桑，包浆沉润，壳如琥珀，光照之下，有灿灿金光闪烁。此品虽未敢称绝品，但也是笔者收藏棋具多年所仅见。径12cm，高9.2cm，口径9.2cm。有棋笥箱收戋保护。棋笥箱以松木制成，造型别致。

三河白雪印蛤碁石180枚，黑那智石177枚。

2. 八角形凤栖梧图金莳绘图棋笥

此品为八角形凤栖梧图高金莳绘棋笥。

八角形棋笥十分罕见，据说有日本棋笥制作名师特制出过12角棋笥，厚重大气，笔者未曾见过实物，不敢妄评，但八角也好，12角棋笥也好，加工难度极大，所以即使在日本也是也极为罕见。

本品所绘凤凰栩栩如生，活灵活现，旁有桐叶，桐花陪衬，整体构图灵动潇洒，图以高莳绘技法绘出，金彩凤凰及桐花桐叶触之凸起，更增加了画面的真实感和立体感。

棋笥底部略有使用磨痕，配有35号小仓滨蛤碁石，应是明治后期或大正时期作品。

3. 锥形桑棋笥

本品为桑棋笥，底座大，口径小，形似锥形，整器沉稳，厚重，造型奇特，十分罕见。

此品当是大正或昭和前期作品。

手工制作玉化蛤碁石包浆莹润，当是幕末时期作品。棋子为33号玉化蛤碁石。

| 第五章 鉴 赏

4. 原木棋笥

原木稍加斫制制成棋笥，保持树木的原生态形状，是另一种自然之美。

本品即为原木棋笥，外形奇特，只是对棋笥上下部分加工斫制，而中间部分保留树皮的原生状态，沧桑古朴，别有情趣。

5. 竹雕花鸟芭蕉图本因坊型棋笥

　　本品为竹雕花鸟芭蕉图本因坊棋笥，棋笥盖雕有花鸟图，棋笥本体配以芭蕉叶，整体结构呈对称图形，繁而不乱，棋笥盖上花鸟动感十足，笥体芭蕉叶硕大。

第五章 鉴 赏

整器雕工精湛,包浆灿然,泛深棕色琥珀光泽,老气十足。

36号手工玉化蛤碁石晶莹玉润。白179枚黑，175枚。

6. 竹棋笥

本品取其自然形态，自然斑纹，以整竹斫制成本因坊型棋笥，不加雕饰，浑然天成，别有情趣。

此品包浆灿然，棕黑色斑纹泛琥珀光泽，异彩纷呈。此品当是明治时期作品。

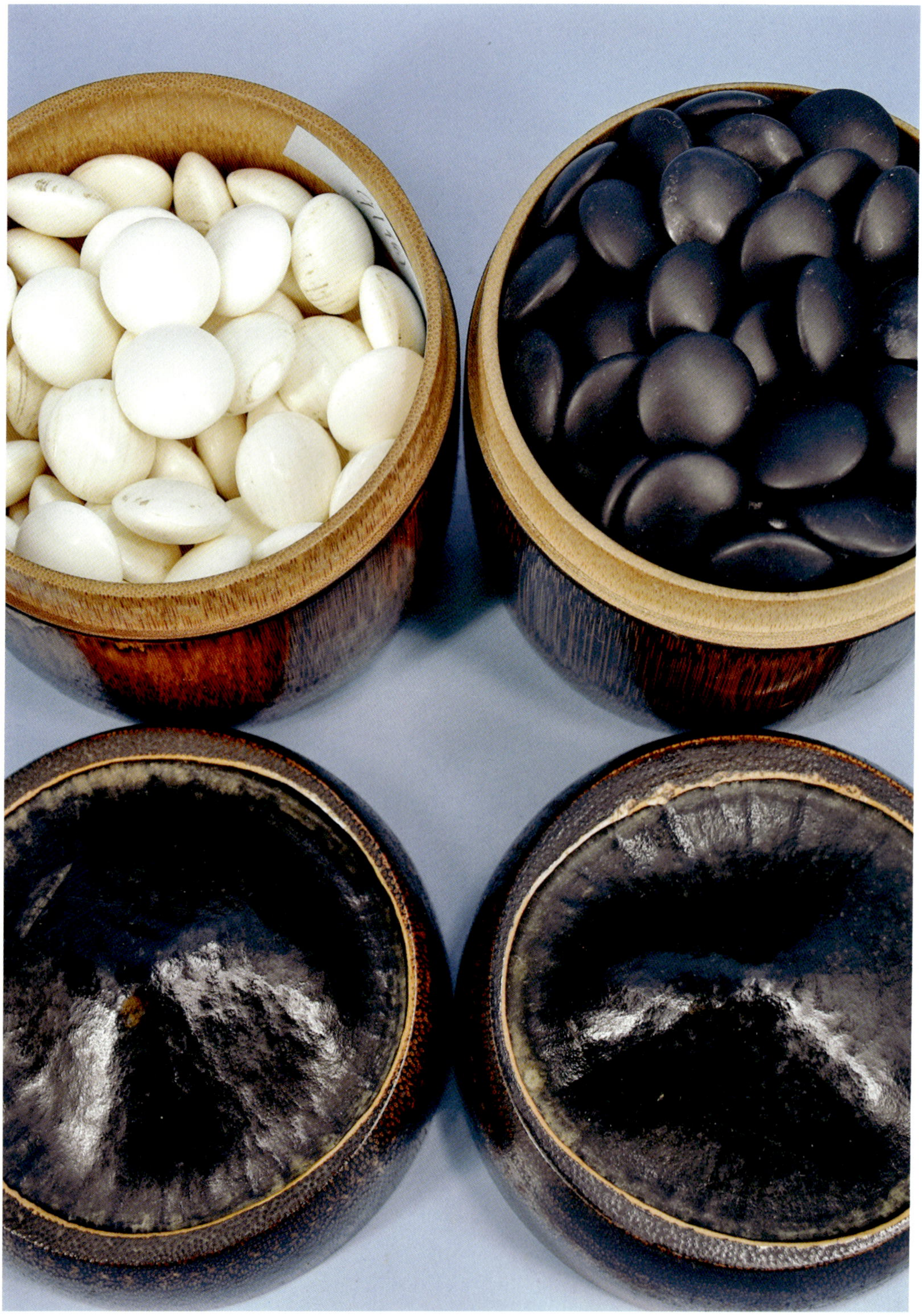

7. 竹根棋笥鹿儿岛蛤碁石

　　如前品，本品亦为整竹斫制，取其自然形态，随形而成，不过与前品不同的是，由于竹品种不同，此品所制笥型更接近安井型棋笥。棋笥由靠近根部之老竹斫制，更显厚重。

棋笥盖上有橘柄纹图案。

内弆鹿儿岛薄子雪印蛤碁石,有茶色包浆。此品是江户时期作品,包浆醇厚,流传至今,弥足珍贵。

8. 牛革棋笥

前文棋具篇中曾谈到有一种特殊棋具"鼓枰"值得一提。

清代龚炜《巢林笔谈》卷二"鼓枰"条记载："顾文康喜弈，因桌为枰，冒以牛革，名鼓枰。每落子阗然有声。公自言：'饱食后尤宜创制新异。'然亦从竹楼记宜围棋二句来。"

鼓枰冒以牛革，是为鼓枰。本品为牛革制缝制棋笥，亦同属创制新异。

棋笥内夋鹿儿岛薄子雪印蛤碁石，此品也是江户时期作品，是为棋笥中一绝。

图书在版编目（CIP）数据

弈藏天下：围棋棋具文化经典收藏 / 李昂，李忠著. —成都：成都时代出版社，2021.8
ISBN 978-7-5464-2856-7

Ⅰ.①弈… Ⅱ.①李…②李… Ⅲ.①围棋–体育用品–收藏–中国 Ⅳ.①G262.8②G891.3

中国版本图书馆CIP数据核字(2021)第146826号

弈藏天下：围棋棋具文化经典收藏（第二卷）
YI CANG TIANXIA：WEIQI QIJU WENHUA JINGDIAN SHOUCANG

李昂　李忠　著

出 品 人	李若锋
责任编辑	李　林
责任校对	樊思岐
装帧设计	原创动力
责任印制	张　露
出版发行	成都时代出版社
电　　话	（028）86742352（编辑部）
	（028）86615250（发行部）
网　　址	www.chengdusd.com
印　　刷	成都市金雅迪彩色印刷有限公司
规　　格	190mm×285mm
印　　张	60
字　　数	1300千
版　　次	2021年8月第1版
印　　次	2021年8月第1次印刷
书　　号	ISBN 978-7-5464-2856-7
定　　价	1280.00元

著作权所有·违者必究

本书若出现印装质量问题，请与工厂联系。电话：（028）84842345